넥스트 디지털

NEXT DIGITAL

넥스트 디지털

AI 시대 생존을 위한 디지털 전환의 핵심 기술

정해진 지음

클라우드

AI/ML

생성형 AI

애플씨드
APPLE SEED

2023년 11월 15일, 싱가포르 인시아드 경영대학원의 글로벌 캠퍼스에서 글로벌 리서치&자문 회사인 가트너사가 주최한 Asia Exchange Conference가 열렸다. 이 콘퍼런스는 아시아 지역의 여러 CIO(최고정보책임자, Chief Information Officer) 앞에서 (주)한화에서 진행했던 '데이터 분석 플랫폼(HWADAP, 화답)'과 '생성형 AI 기반 챗봇(AIDA, 에이다)' 사례를 발표하는 자리였다.

발표가 끝나고 나서 짧은 기간에 신기술을 적용해서 좋은 성과를 낼 수 있었던 비결이 무엇이었는지, 생성형 AI를 적용하는 과정에서 어떤 어려움이 있었는지에 관해 다양한 질문이 쏟아졌다. 말레이시아 정부 기관의 CIO는 우리의 프로젝트 기간이 10개월이었다는 이야기를 듣고 자신들은 이 정도 규모면 3년은 걸릴 것이라며 놀라워했다. 홍콩에서 온 CIO는 프로젝트 기간에 팀원들이 잠도 안 자고 일만 했냐고 묻기도 했다. 싱가포르 정부 CIO와 인시아드 대학 CIO도 생성형 AI를 어디에 적용해야 할지 고민 중인데, 사용자 대상으로 이미 서비스를 하고 있는 우리를 보고 정말 대단하다며 극찬을 아끼지 않았다.

가트너 콘퍼런스에 주제 발표자로 선정되는 것은 쉬운 일이 아니다. 그런데 뜻밖의 호평까지 받았고, 2024년 6월 미국 샌프란시스코에서 진행된 데이터브릭스의 'Data+AI Summit 2024'의 제조·운송 산업 포럼에서 (주)한화의 '화답'과 '에이다' 사례를 발표하였다. 아시아 기업으로는 유일하게 선정되었고 최초의 한국인 고객 발표라는 큰 의미도 있었다. 덕분에 디지털 전환 프로젝트를 진행하며 겪은 그동안의 어려움을 상쇄하고도 남을 자신감을 얻었다. 우리의 '데이터 분석 플랫폼'과 '생성형 AI 기반 챗봇' 사례가 한국뿐만 아니라 아시아와 글로벌에서도 디지털 전환의 모범 사례로 인정받고 있는 상황이 약간 비현실적으로 느껴지기도 했다. 다른 한편으로는, 오랜 기간 공허한 해외 사례에 실망했던 경험이 떠오르면서 격세지감을 느끼기도 했다. 동시에 디지털 전환에 관해 잘 모를 때는 한

없이 높아 보였던 글로벌 수준도 막상 부딪쳐 보니 해볼 만하다는 자신감이 솟아났다.

신기술을 사업화할 때 겪는 어려움은 생각보다 많다. 기술 습득, 비즈니스 모델 수립, 전문 인력 확보, 고객 설득, 내부 조직의 반발과 견제 등 말로 다 하기 어렵다. 필자는 AI, 클라우드, 블록체인을 사업화하면서 그 힘든 과정을 모두 겪었다. 처음엔 무척 힘들었지만, 한번 경험하고 나니 어떤 기술이건 두려워하지 않게 되었다. 그리고 그 과정을 통해 몇 가지 중요한 점을 깨달았다.

첫째, 어떤 기술이든 그것을 도입하고 적용하기 전에 조직 내에서 그 기술을 재정의하는 것이 무척 중요하다.

둘째, 비즈니스 조직과 밀접한 협업을 통해 그들에게 구체적으로 도움이 되는 과제를 추진해야 한다.

셋째, 필요 인력은 외부 채용과 내부 육성, 그리고 산학협력을 통해 확보해야 한다.

넷째, 처음부터 범위를 크게 잡지 말고 PoCProof of Concept나 파일럿 프로젝트Pilot Project로 작게 시작해야 한다.

다섯째, 도구에 집중하기보다는 과제의 본질적인 목적에 집중해야 한다.

"디지털 전환이 뭔가요?"라는 물음에 한마디로 답하기는 쉽지 않다. "왜 해야 하나요?"라고 묻는다면 더더욱 답하기가 쉽지 않다. "현장에서 디지털 전환을 어떻게 적용해야 하나요?"라는 질문은 가뜩이나 복잡한 머릿속을 더욱 어지럽힌다.

디지털 전환을 제대로 이해하고 실제 적용하기까지의 과정을 어떻게 알려줘야 할까? 어떻게 해야 시행착오를 덜 겪을 수 있을까? 이러한 고민 끝에 그동안 필자가 배운 것과 현장에서 직접 프로젝트를 수행한 경험을 바탕으로 이 책을 집필했다.

이 책은 디지털 전환의 개념과 원리, 디지털 전환의 기반 기술인 클라우드, AI와 머신러닝, 생성형 AI에 관한 내용으로 구성되어 있다. 특히 최근에 챗GPT로 촉발된 급속한 IT 기술 혁신을 반영해 클라우드, AI/ML(Machine Learning, 머신러닝), 생성형 AI에 관해서 상세하게 기술했다.

급속한 기술 변화와 기업의 생존 경쟁이 치열해지면서 비즈니스 환경의 불확실성이 한층 높아졌다. 이런 상황에서 날로 격화하는 비즈니스 변화와 요구 사항을 현업에서 실제로 구현해야 하는 CIO, CDO, CTO, CISO 등의 임원과 IT와 디지털 전환 조직원, IT 업계 관계자뿐만 아니라, IT와 디지털 전환에 대해서 궁금해하는 학생과 일반인에게 이 책이 조금이나마 도움이 되었으면 한다.

과거뿐만 아니라 바로 눈앞에 닥친 AI 시대에도 여전히 디지털 전환이 주목받는 이유는 IT 기술의 발전 때문이다. 과거에는 불가능했거나 상상 속에서만 가능하다고 여겨졌던 일이 이제는 IT 기술 진보로 가능해졌다. 전쟁을 끝내려면 협상만으로는 불가능하고 협상을 뒷받침할 강력한 군대가 있어야 하는 것처럼, 비즈니스 재편과 변화도 IT로 구현되어야 비로소 마무리될 수 있다. 오늘날 모든 비즈니스는 IT에 기반하지 않고는 절대 이루어질 수 없다. 오히려 IT를 어떻게 활용하느냐에 따라서 성공이 좌우될 수밖에 없다는 점을 다시 한번 강조하고 싶다.

끝으로 이 글을 쓰는 데 도움을 주고 함께 고생한 (주)한화 DT 담당 임직원과 한화시스템/ICT에서 함께 했던 직원들께 진심으로 감사의 말씀을 드리고 싶다. 그리고 늘 자식과 사위 걱정하시는 어머니와 장인어른, 지칠 때마다 필자를 격려해준 사랑하는 아내 진선화, 눈에 넣어도 아프지 않은 딸 정아영에게 이 책을 바친다.

차례

Chapter 3 디지털 전환의 핵심 기술 - AI/ML

Chapter 4 디지털 전환의 핵심 기술 - 생성형 AI

Chapter 1

디지털 전환의
개념과 원리

01

디지털 전환이란 무엇인가

디지털 전환과 스마트팩토리라는 용어를 처음 접한 건 2016
년쯤이었다. 그리고 2017년에 스마트팩토리 TF를 맡으면서
관련 용어를 명확하게 정의하게 되었다. 업무를 제대로 수행하
려면, 프로젝트 관련자들이 먼저 용어를 정확하게 이해해야 서
로 효과적으로 소통할 수 있었기 때문이다. 그때 각 나라에서
사용되는 관련 용어와 그에 대한 정의, 용어 간의 차이점을 정
리하면서 근본적인 개념에는 큰 차이가 없다는 것을 확인했다.
그 후 인더스트리 4.0이나 4차 산업혁명이라는 표현이 등장하
면서 다양한 용어가 혼용되다가 마침내 디지털 전환으로 통합
되었다.

디지털 전환이라는 말이 이렇게 다양한 용어들과 혼용되면서 탄생했기 때문에 디지털 전환이 무엇인지를 한마디로 정의하기가 쉽지 않다. 따라서 '디지털'과 '전환'이라는 단어를 통해서 디지털 전환의 의미를 개략적으로 파악해 보자.

먼저 '디지털'이라는 말을 살펴보자.

요즘은 대부분 IT 시스템을 활용하여 업무를 처리한다. 예를 들어, ERP, 영업 시스템, 고객 시스템, 빌링 시스템과 같이 '○○시스템'이라고 불리는 다양한 시스템은 대체로 IT 시스템을 의미한다. IT가 발전하기 전에는 업무를 수작업으로 진행했다. 그러다 IT가 보편화하면서 수작업 업무를 IT 시스템으로 자동화하기 시작했다. 이때 그 과정을 '전산화'라고 부르곤 했다. 그 당시 IT 부서의 명칭을 '전산실'이라고 한 것도 이러한 이유에서다. 문서에 기록된 내용을 IT 시스템에 입력하고 처리하는 과정이 종이에 쓴 문자와 숫자를 0과 1의 디지털로 변환하는 것이기 때문에, 이 과정이 나중에 '디지털화'라고도 불리게 되었다.

다음은 '전환'에 대해 알아보자.

'전환'은 영어로 transformation으로 기존의 것을 새로운 형태로 변경하는 과정을 의미한다. 대표적인 전환 사례로 GE의 엔진 데이터 분석 서비스를 꼽을 수 있다. GE는 전통적인 엔진 제조 사업에 머물지 않고, 엔진에서 얻은 데이터를 분석하여 '비행기 엔진의 효율화와 연료 절감', '엔진 예지보전'과 같은 새로운 사업 영역으로 진출했다. GE는 제조업체가 디지털 기술을 활용하여 전통적인 제조산업을 데이터 분석 비즈니스로 전환한 대표 사례라고 할 수 있다.

이렇게 볼 때 좁은 의미에서 디지털 전환은 '디지털 기술을 활용하여 기존의 비즈니스를 강화하는 것에 머무르지 않고 한 걸음 더 나아가 비즈니스 모델을 전환하는 것'을 의미한다. 하지만 최근에는 이처럼 좁은 의미보다는 '디지털 기술을 활용한 혁신'의 개념으로 좀 더 포괄적인 의미로 사용되고 있다. 그럼에도 디지털 전환에 대한 명확한 정의가 없어서 다양한 자료를 살펴보았는데, 그중에 가장 와닿는 것이 가트너가 제시한 정의였다. 가트너는 디지털 전환을 '디지타이제이션Digitization에서 디지털라이제이션Digitalization으로 그리고 디지털 전환으로 이어지는 일련의 과정'이라고 설명한다.

먼저 가트너는 디지타이제이션을 '아날로그를 디지털로 변환하는 프로세스'로 정의한다. 이는 위에서 언급한 전산화라는 개념과 유사하다. 즉, 디지타이제이션은 프로세스 자체를 혁신하거나 크게 변화시키지 않는 것이 특징이다.

이어서 가트너는 디지털라이제이션을 '디지털 기술을 활용하여 비즈니스 모델을 변경하고 새로운 매출과 가치를 창출하는 기회를 제공하는 것'으로 정의한다. 어떤 면에서는 디지털 전환의 좁은 정의와 유사해 보인다. 2000년대 초반에는 디지털라이제이션, 즉 디지털화가 중요한 키워드로 떠올랐는데, 당시에는 오프라인 중심의 비즈니스와 서비스를 전자상거래로 변화시키는 데 중점을 둔 e커머스와 e비즈니스라는 용어가 디지털화 대신에 주로 사용되었다. 그리고 아마존, 이베이, 옥션, 인터파크 등이 디지털화의 대표적인 사례로 언급되었다.

마지막으로 가트너는 디지털 전환을 '클라우드 컴퓨팅과 같은 IT 현대화, 디지털 최적화, 새로운 디지털 비즈니스 모델 발명과 같은 다양한 것'으로 정의한다.

한편 공공기관에서는 디지털 전환을 서비스를 온라인으로 제공하거나 레거시 시스템의 현대화와 같은 작은 개선 사항을 가리키는 데 사용한다. 이러한 의미에서 디지털 전환은 '디지털 비즈니스 전환'보다는 '디지털화'와 관련된 의미로 폭넓게 사용된다.

02

디지털 전환과 IT

디지털 전환과 IT의 유사점과 차이점

디지털 전환이라는 용어를 들을 때마다 왜 이렇게 많은 사람이 디지털 전환에 대해 언급하는지 의문이 들었다. 어쩌면 또 다른 마케팅 용어일지도 모른다고 생각했다. 과거에 e비즈니스, SOA, 웹2.0 과 같은 IT 마케팅 용어가 유행하다 이제는 기억조차 나지 않는 것처럼, 디지털 전환도 한때 유행으로 끝나지 않겠냐는 의구심이 들기도 했다.

디지털 전환은 IT와 어떤 차이가 있으며, 왜 이를 강조하는 걸까? 얼핏 디지털화의 관점에서는 디지털 전환과 IT는 큰 차이가 없어 보인다. 유일한 차이점은 '전환'이라는 단어뿐이다.

하지만 디지털 전환의 성공 사례를 분석해 보면, 디지털 전환은 단순히 디지털화에 그치지 않고 생성된 데이터를 활용하여 혁신을 이룬다는 이야기가 공통으로 등장한다. 즉, 디지털 전환 사례의 공통된 특징은 '데이터'임을 알 수 있다.

과거에 전문가의 경험이나 직관에 의존하여 의사결정을 한 것과는 다르게 디지털 전환은 데이터에 기반한 의사결정을 추구한다. 이는 빅데이터와 유사한 면이 있다. 하지만 빅데이터는 모인 데이터를 분석하여 의사결정에 활용하는 반면, 디지털 전환은 데이터의 생성부터 활용에 이르기까지 밸류체인 전반을 아우르는 개념이라 할 수 있다.

GE가 엔진에서 발생한 데이터를 수집하고 분석하여 비즈니스를 확장하고, 독일의 지멘스가 PLCProgrammable Logic Controller 제조 공장에서 생성된 데이터를 활용하여 디지털 트윈을 구축하고 물류 자동화를 완성했는데, 이는 결국 데이터의 힘이었다. 이러한 변화를 가능케 하려면, 업무 시스템에서 데이터를 생성하고 전송하며 처리할 수 있는 기반이 마련되어야 한다. 그러므로 디지털 전환은 데이터 생성과 관련된 애플리케이션, 인프라, 플랫폼 등 다양한 분야를 포함한다.

이 지점에서 'IT와 다르게 왜 디지털 전환이 주목받을까?'라는 궁금증이 생길 수 있다. IT 업무는 전통적으로 기업의 IT 부서가 수행하는 일로 인식되었다. IT가 회사의 큰 사업 방향성에 직접적인 영향을 미치지 않고, 회사 전략과 비즈니스를 지원하는 성격이 강했기 때문이다. 그러나 디지털 전환은 기존의 비즈니스 모델을 완전히 변화시켜서 새로운 비즈니스를 창출하는 '전환'이라는 점에서 기존 IT 업무와 차별화된다. 그래서 디지털 전환이 기업의 전사 차원에서 주목받게 된 것이다.

골드만삭스가 금융회사에서 한 걸음 더 나아가 IT 회사와 유사한 형태로 진화하고, 제조업체들이 본연의 제조 업무뿐만 아니라, 판매된 제품의 데이터를 수집하고 분석하여 '데이터 분석 사업화'를 시도하는 등, 다양한 디지털 전환의 사례가 등장하고 있다. 이제 IT 회사의 경쟁자는 동종업계뿐만 아니라 데이터 사업을 추진하는 다양한 기업으로 확장되고 있다. 이러한 변화는 급변하는 산업 환경 속에서 예상치 못한 기업들이 IT 분야에서 역량을 발휘하며 발전하고 있어 더욱 주목받고 있다.

디지털 전환 조직과 IT 조직의 역할

규모가 큰 기업에는 따로 IT 조직이 구성되어 있다. 정보기획팀, 정보전략팀, IT 전략팀, IT 기획팀, 전산팀, IT 혁신팀 등 다양한 이름으로 불리며, 담당하는 업무도 다음과 같이 매우 다양하다.

- 기획 : 투자 계획, 계약 관리, IT 마스터플랜 수립, 로드맵

수립

- 하드웨어 : 서버, 스토리지, 클라우드 등
- 소프트웨어 : O/S, WAS, DBMS, 플랫폼, 라이선스 관리 등
- 네트워크 : 방화벽, 허브, 스위치, VPN 등
- 보안 : PC 보안, 문서 보안, 네트워크 보안, 제로 트러스트, 사이버 보안 등
- 애플리케이션 : ERP, HR과 같은 업무용 시스템 등
- 헬프데스크 : PC, 소모품, 장애 처리 등
- 기타 : 사업 분할, 합병, 인수 등

이렇게 다양한 업무를 수행하는 IT 조직은 주로 지원 역할을 맡는다. 나아가 비즈니스를 재편하거나 시스템을 구축하면서 발생하는 여러 가지 IT 관련 이슈의 최종 해결자가 되기도 한다. 특히 IT가 본업이 아닌 기업에서 IT 조직은 주로 지원 역할을 하므로 생산이나 영업 등의 본래 사업을 안정적으로 지원해야 하는 책임이 크다. 하지만 하는 일에 비해서 티가 잘 안 나는 어려운 역할이다.

그런데 어느 날 디지털 전환(DT)이라는 이름이 붙은 조직이 나타나기 시작했다. DT 코어팀, DT 팀, DT 추진팀, DT 랩, DT 전략팀 등 다양한 이름으로 불리는데, 조직 내외부의 사람

들이 팀 이름 때문에 적잖이 혼란을 겪는다. IT 조직과 디지털 전환 조직의 차이점이 무엇인지, R&R이 무엇인지, 팀원 입장에서는 무엇이 달라지는지 등 궁금한 점이 많다. 하지만 설명을 들어도 헷갈리고 심지어 조직도를 그린 사람도 헷갈리기는 마찬가지다.

다수의 기업이 디지털 전환을 추진하면서 초기에는 대부분 유사한 방식으로 접근한다. 기존 IT 조직은 하드웨어와 소프트웨어 등 인프라 관리 역할로 축소하고, 나머지 업무는 디지털 전환 조직으로 이관한다. 기존 IT 조직은 IT 인력으로 구성되어 있지만, 디지털 전환 조직은 주로 현업, 즉 IT 이외의 인력이 중심이 되고 IT 인력은 주로 보조적인 역할로 참여한다. 이는 디지털 전환이 비즈니스와 밀접하게 관련되어 있고, 현장에서 혁신을 수행하기 위해서는 비즈니스를 잘 이해하는 현업 인력이 더 적합하다는 판단에서 비롯된다.

그러나 IT는 그리 만만한 분야가 아니다. IT 프로젝트에 적용되는 나름의 방법론이 있으며, 프로젝트 수행과 그 이후 유지보수 등 신경을 써야 하는 일이 한둘이 아니다. 기존 시스템과의 연계, 싱글사인온, 보안성 체크, 인력 관리, 협력업체 관리, 벤더 선정, 소프트웨어 및 하드웨어 선택을 비롯하여 많은 이슈가 있다. 아무리 우수한 현업 인력을 배치하더라도 IT 업무를 따라잡기는 쉽지 않다.

이런 상황을 무시한 채 디지털 전환 조직에서 IT 인력을 배제하거나 IT의 역할을 단순히 인프라 관리로 축소하여 진행하는 프로젝트에서 문제가 발생하기 시작한다. 다양한 시스템 간 데이터 인터페이스, 요구 사항 대비 시스템 구축 충족도, 유지 보수 등에서 발생하는 문제가 한둘이 아니다. 프로젝트 일정이 계속 늘어나고, 비용이 증가하며, 기대했던 품질을 달성하는 것이 어려워지면서 상황은 악화된다.

IT 조직에서는 이러한 이슈를 예상하여 계속 문제를 제기하고 이를 해결해야 한다고 강조하지만, 디지털 전환 조직은 IT 조직이 자신을 견제하려는 것으로 오해한다. 실제로 문제가 발생하고 나서야 비로소 IT 조직에서 했던 이야기를 이해하게 되는 때가 많다. 디지털 전환 조직이 실패를 인정하지 않고 이슈를 뒤로 넘기는 일도 흔히 발생한다. 이로 인해 시스템 오픈이 연기되거나, 오픈하더라도 문제가 해결되지 않아서 시스템을 정상적으로 사용하지 못한다. 프로젝트를 수행한 업체들은 프로젝트가 끝나면 모두 사라지고, 남은 문제는 기존 운영자들에게 떠넘겨지는 일도 있다.

많은 시행착오를 거치며 문제를 해결하는 과정에서 IT 인력이 디지털 전환 조직으로 이동하면서, 기존 IT 조직에는 소수의 인프라 관리 인력만 남는다. 이렇게 되면 IT 조직의 명칭만 디지털 전환 조직으로 바뀐 것이 아닌가 하는 의문이 생기기도 한다. 그리고 IT 비전문가가 디지털 전환 조직에서 리더 역할을 하면서 IT를 이해하기까지 많은 시행착오를 겪는다. 그 과정에서 회사와 조직원들은 불필요한 고통을 겪는다.

회사가 디지털 전환 조직을 통해서 혁신하려고 했는데, 의도했던 바와 전혀 다르게 흘러가는 상황이 참 아이러니하다. 디지털 전환이라는 간판을 걸고 IT를 하는 것이 아닌가 하는 생각이 들곤 한다. 디지털 전환을 추진했지만, 결국 먼 길을 돌아다시 IT로 돌아오게 되는 것이 현실이다.

디지털 전환 조직에서 강조되는 과제 중 하나가 바로 데이터 분석이다. 우수한 현업 직원에게 AI와 빅데이터를 교육해서 직접 데이터를 분석하여 성과를 창출하도록 장려하고 있지만, 이역시 간단한 일이 아니다. 현업 직원은 각자의 도메인에서 전문성을 인정받고 있지만, AI와 빅데이터는 기존 업무와는 다른 영역이라, 이를 제대로 수행하려면 개발도 배워야 해서 여러모로 부담이 크기 때문이다.

또 다른 문제는 현업 직원의 경력 관리다. 현업 직원은 대부분 자신의 원래 도메인에서 성장하고 싶어 한다. 생각보다 많은 사람이 데이터 분석은 자신의 주된 업무가 아니라고 생각하며 원래 팀으로 돌아가기를 원한다. 이러한 이유로 현업 전문가를 지속해서 데이터 분석에 참여시켜서 육성하기가 어렵다. 글로벌 석유화학 대기업에는 현업 출신 데이터 분석가만 100

여 명을 보유한 조직이 있는데, 그 정도의 규모는 되어야 도메인을 이해하는 데이터 분석가로서 경력 관리에도 도움이 될 것이다. 그러나 현업 출신 데이터 분석가가 얼마 안 되는 조직에서는 경력 성장에 한계가 있으므로 다들 주저하기 마련이다.

디지털 전환 조직을 IT 조직과 별도의 조직으로 구성하거나, 현업 인재를 선발하여 디지털 전환 과제를 수행하게 하는 조직이 대부분 이와 유사한 시행착오를 경험한다. 이런 경험은 국내뿐 아니라 글로벌한 현상이기도 하다.

가트너는 이러한 문제를 해결하기 위한 최적의 조직 모델로 '퓨전 팀'을 제안했다. 이는 현업의 도메인 지식을 보유한 인재, 데이터 분석가, 기존 IT 인력(개발자, 인프라 전문가, DBA 등)을 혼합하여 조직을 구성해서 디지털 전환 프로젝트를 수행하는 모델을 의미한다. 이는 애자일 조직과도 유사한 면이 있다. 즉, 기존 조직 구조를 그대로 유지하면서 과제에 필요한 다양한 인력을 모아 태스크포스 형태로 조직을 운영하거나, 아예 퓨전 조직을 새롭게 구성하는 방법이다.

초기에 디지털 전환 조직이 처음 생겼을 때는 조직의 정체성이나 역할, 책임과 관련한 이슈가 많았지만, 시행착오를 거치면서 기존 IT 중심의 통합 조직이나 디지털 전환 중심의 통합 조직으로 수렴하고 있는 모습을 확인할 수 있다. IT와 디지털 전환 조직을 분리하기도 하고 통합하기도 하면서 각각의 조직과 환경에 맞게 구성하려는 노력이 진행 중이다. 하지만 팀을 별도로 나누더라도 CIO가 CDO를 겸직하면서 진행하는 것이 갈등을 최소화하면서 시너지를 높일 수 있는 가장 효과적인 방법이다.

03

디지털 전환과 스마트팩토리

많은 사람이 디지털 전환을 '디지털 기술 기반의 혁신'으로 이해한다. 실제로 디지털 전환이라는 용어를 사용할 때, 대부분 비즈니스 모델의 전환보다는 '일하는 방식'의 변화나 전환을 강조할 때가 많다. 따라서 회사에서 디지털 전환이라는 용어를 접할 때, 'IT 기반의 혁신'이나 '디지털 기술 기반의 혁신'으로 이해하면 큰 무리가 없을 것이다.

사실 필자도 스마트팩토리 사업을 하면서 디지털 전환이라는 말을 처음 접했을 때 무척 혼란스러웠다. 스마트팩토리와 디지털 전환이 무슨 차이가 있는지 잘 이해하지 못했기 때문이다. 머리로는 어느 정도 이해가 되는 듯했지만, 말이나 글로 그

차이와 유사점을 정리하기가 어려웠다.

〈그림 1〉은 디지털 전환과 스마트팩토리의 차이를 비교해서 설명한 것이다. 새로운 용어가 등장하면, 그 용어에 대한 정의를 분명히 해야 한다. 용어의 개념을 명확히 정립하지 않으면, 의사소통이 복잡해질 뿐만 아니라 방향성 수립에도 곤란을 겪을 수밖에 없다. 적어도 같은 조직 내에서는 용어의 정의와 의미를 통일하여 눈높이를 맞춰야 한다. 그렇지 않으면, 같은 용어를 사용하더라도 각자 다른 의미로 해석하여 큰 혼선이 발생한다.

디지털 전환과 스마트팩토리를 비교해 보면, 가장 큰 차이는 스마트팩토리가 디지털 전환의 수직 구조 중 하나인 '밸류

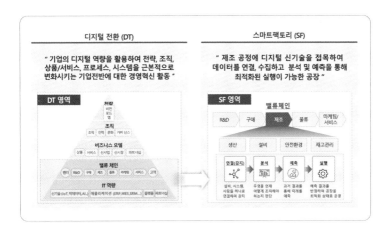

〈그림 1〉 디지털 전환과 스마트팩토리의 차이

체인'과 관련된 개념이라는 점이다. 팩토리는 공장을 의미하므로, 스마트팩토리는 주로 제조 영역에 중점을 둔다. 이에 반해 디지털 전환은 기업 전반에 걸쳐 다양한 영역과 관련이 있다. 기업의 전략부터 시작하여 조직, 비즈니스 모델, 밸류체인, IT 역량까지 연결되는 수직적 체계를 갖추고 있다. 다시 말해, 디지털 전환은 '기업의 디지털 역량을 활용하여 전략, 조직, 상품·서비스, 프로세스, 시스템을 근본적으로 변화시키는 기업 전반에 대한 경영혁신 활동'으로 정의할 수 있다.

스마트팩토리에 대한 정의는 스마트팩토리 TF를 담당했을 때, 팀원들과 함께 고민하면서 만들었다. 국내외 스마트팩토리 자료를 참고하고 팀원들과 포스트잇을 붙여가며 어떤 것이 가장 적합한 정의인지를 고민했다. 오랜 고민과 토론을 거쳐 우리는 스마트팩토리를 '제조 공정에 디지털 신기술을 접목하여 데이터를 연결·수집하고, 분석·예측을 통해 최적화된 실행이 가능한 공장'으로 정의했다. 그 과정이 스마트팩토리의 출발점이었으며, 이는 모든 참여자의 대화 기준을 맞추는 매우 중요한 작업이었다는 것을 나중에 깨달았다.

스마트팩토리는 제조 영역에 중점을 두기 때문에 생산과 밀접하게 관련되어 있다. 생산을 위해서는 설비가 필요하고 설비가 고장 나지 않도록 잘 운영해야 한다. 또한 안전에 신경을 많이 써야 하며, 생산 과정에서 배기가스나 오염물질이 배출되는 것을 막기 위해 환경보호에도 많은 노력을 기울여야 한다. 생산된 제품은 재고를 잘 관리하면서 고객의 수요에 맞춰 정확히 배송해야 한다.

종합하자면, 디지털 전환은 조직 전체와 관련되어 있으며 IT 기술이나 디지털 기술을 기반으로 하는 혁신 활동 전체를 의미한다. 반면에 스마트팩토리는 조직 내 밸류체인 중 하나인 제조 영역의 선진화나 혁신을 위해 디지털 신기술을 접목한 자동화되고 지능화된 공장을 의미한다.

04

디지털 전환의 효과

디지털 전환을 추진하는 이유는 무엇일까? 기업에서 많은 자원을 투입하여 다양한 과제를 추진하는 이유는 기대 효과가 있기 때문이다. 디지털 전환에 투자하는 것도 이와 다르지 않다. 기업은 당연히 이윤을 추구하는 조직이기에 디지털 전환의 중요한 투자 목적은 큰 범주에서 '매출 증대', '원가 절감', '업무 효율화' 등이다.

디지털 전환을 통해 새로운 제품과 서비스를 창출하면, '매출 증대' 효과를 기대할 수 있다. GE의 데이터 분석 서비스는 이러한 사례 중 하나로, 엔진 판매 외에도 데이터 분석을 통해 연료 절감 및 고장 예측 서비스를 도입하여 새로운 매출원을 창출했다.

생산 현장에서는 '공정 최적화' 과제가 많이 대두되는데, 핵심은 같은 입력으로 더 큰 산출물을 얻거나, 적은 입력으로 같은 산출물을 얻는 것이다. 공정 최적화가 성공하면, 원가 절감이 가능하다. 생산 이외의 다른 밸류체인에서도 물류 최적화나 설비 최적화 과제를 통해서 물류비를 줄이거나, 설비 고장을 감소시켜 생산량을 늘리고 환경 오염과 안전사고를 줄일 수 있다.

2022년 10월, 글로벌 컨설팅 회사 딜로이트가 테크 리더들을 대상으로 디지털 전환을 통해 예상되는 주요 성과물에 대한 우선순위를 조사했다. 〈그림 2〉의 조사 결과를 보면 '효율성 향상', '기존 제품/서비스 개선', '신규 제품/서비스 개발', '원가 절감' 등이 예상 효과임을 알 수 있다. 제품이나 서비스의 개선과 개발은 매출 증가와 관련된 항목으로 볼 수 있다. 흥미로운 점은 원가 절감 효과다. 원가 절감은 4위를 차지하고 있지만, 내부 비율을 살펴보면 1, 2순위가 아니라 3순위로 선택한 사람이 23%로 다른 항목보다 높다. 원가 절감이 중요한 항목인 것은 맞지만, 실제로 원가 절감을 달성하기가 쉽지 않기 때문에 상대적으로 중요도를 낮게 평가한 것으로 보인다.

디지털 전환에 대한 다른 예상 효과로는 '조직 민첩성 향상', '신규 내부 프로세스/워크플로우 생성', '신시장 창출', '리스크

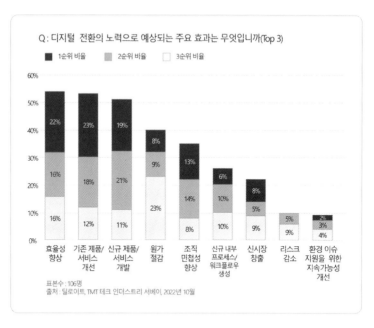

표본수 : 106명
출처 : 딜로이트, TMT 테크 인더스트리 서베이, 2022년 10월

〈그림 2〉 디지털 전환의 예상 효과

감소', '환경 이슈 지원을 위한 지속가능성 개선' 등이 있다. 이 중에서 응답 비율이 30%가 넘는 또 하나의 효과는 '조직의 민첩성 향상'이다. 이는 디지털 기술을 활용한 신속한 의사결정이나 업무 처리 속도 개선으로 해석된다.

디지털 전환이 분명한 개선 효과가 있지만, 그 효과를 구체적인 숫자로 측정하기가 쉽지는 않다. 그리고 돈을 투자하고 디지털 전환 과제를 수행한다고 해서 반드시 효과를 얻을 수 있는 것은 아니기 때문에, 각 조직의 상황을 고려하여 신중하게 계획하고 진행해야 한다. 처음부터 모든 것을 완벽하게 추진하려고 하면, 실패할 가능성이 크다. 작은 규모로 시작해서 리스크를 줄이면서 성공 경험을 쌓으면 더 큰 과제도 안정적으로 추진할 수 있다.

디지털 전환 효과를 극대화하려면, 무엇보다 직원의 적극적인 참여가 매우 중요하다. 직원이 과제에 적극적으로 참여하면 할수록 디지털 전환에 대한 이해도가 높아지고 과제 효과도 직접 체감할 수 있다. 이러한 경험이 쌓이면, 앞으로 진행하는 과제에도 자발적으로 참여할 확률이 높다.

디지털 전환은 단기간에 여러 과제를 동시에 수행하는 것보다 과제 수를 조금 줄이더라도 감당할 수 있는 범위의 과제를 선별하여 기간의 여유를 가지고 추진하는 것이 안정적이다. 그렇게 할 때 실질적인 효과를 얻을 수 있다. 특히 새로운 과제가 불확실성이 높다면, 먼저 PoC나 파일럿 프로젝트로 가능성과 효과성을 검증해 보는 것이 좋다. 그러고 나서 효과가 입증되면, 해당 프로젝트에 대한 투자를 진행하는 것이 바람직하다.

05

디지털 전환에 필요한 핵심 기술

3가지 핵심 기술 - 클라우드, 머신러닝, 생성형 AI

디지털 전환과 스마트팩토리가 끊임없이 주목받는 이유는 기술의 발전에 있다. 예전에는 상상 속에서만 가능했던 일이 이제는 디지털 기술을 통해 현실로 구현되고 있다. 대용량 실시간 데이터를 무선으로 수신하고 처리하는 것, 인공지능을 활용하여 단순 반복하거나 인간이 수행하기 어려운 작업을 효율적으로 수행하는 것, 증강현실 및 가상현실을 활용하여 업무를 수행하는 것을 오늘날 당연한 것으로 여기지만, 이전에는 상상조차 할 수 없었다. 게다가 최근에 챗GPT가 등장하면서 인류는 AI를 새로운 차원으로 활용하기 시작했다. 인간과 유사하게 대화하는 AI를 통해 새로운 가치를 창출하기 위해 노력하고 있으며, 챗GPT와 다양한 기술을 융합한 창의적인 사례가 나오면서, 이는 향후 새로운 기술 발전으로 이어질 것으로 기대된다.

〈그림 3〉은 최초로 인더스트리 4.0을 제안한 독일의 아카텍(ACATECH, 독일 공학 아카데미)에서 주도한 기술 분류에 기반하여 생성형 AI와 클라우드를 추가하여 재구성한 자료다. 참고로 인더스트리 4.0은 스마트팩토리와 유사한 개념으로 주로 공장과 관련된 다양한 기술을 포함한다.

〈그림 3〉에서 알 수 있듯이, 디지털 전환과 관련하여 여러 기술이 중요하다. 하지만 필자는 이 책에서, 다양한 기술이 플랫폼 형태로 운영되면서 핵심적인 인프라 역할을 하는 클라우드, 데이터의 가치 있는 활용과 데이터 기반의 혁신을 추구하는 디

어널리틱스 & 인지	자율형 시스템	유연 제조	서비스 인터넷	사물인터넷
분석·예측·수행 관련된 기술	생산 자동화 지원 시스템	기계, 로봇 제어 관련 기술	밸류 체인, 공급망 통합기술	디바이스를 연결하고 관리하는 기술
• 영상감시 • 예지보전 • 빅데이터 • 머신 러닝 • 생성형 AI	• 디지털 트윈 • 어드밴스드 프로세스 컨트롤 • 물류자동화	• 협동로봇 • 3D 프린팅 • 산업 프로토콜 • SCADA • 시뮬레이션 • 3D 설계 • 인바운드 물류제어 • MES • SPC	• 서비스 인터넷	• 무선개인통신망 • 저전력 광대역 무선통신 기술 • 무선센서 네트워크 • 증강 현실 • 스마트 디바이스 • 스마트 센서
클라우드				

"Recommendations for implementing the strategic initiative Industrie 4.0", ACATECH(독일 공학 아카데미) 자료 기반으로 재구성

〈그림 3〉 디지털 전환 관련 기술

지털 전환의 관점에서 가장 중요한 기술인 머신러닝, 생성형 AI를 디지털 전환의 세 가지 핵심 기술로 선택했다.

클라우드는 다양한 디지털 신기술을 신속하게 적용할 수 있도록 제공되는 핵심 기술 플랫폼이다. 클라우드는 인프라 환경을 간편하게 구축하는 데 그치지 않고 IoT(사물인터넷), 빅데이터, AI 플랫폼을 빠르게 활용할 수 있게 해준다. 그 중에서도 서비스 형태로 다양한 플랫폼을 제공하는 PaaSPlatform as a Service는 클라우드의 진정한 힘이라고 할 수 있다.

2015년 알파고가 이세돌 기사와의 대국에 승리함으로써 AI에 대한 폭발적인 관심이 불거졌으며, 2022년 11월 30일 챗GPT가 등장하면서 세상이 다시 한번 뒤흔들리고 있다. 지금도 여전히 AI가 가장 큰 화제로 떠오르고 있다. 이는 게임 체인저로서 AI가 얼마나 중요한 기술인지를 반영한 결과다. 현재는 생성형 AI가 큰 주목을 받고 있지만, 머신러닝도 여전히 중요한 기술로 관심을 가져야 할 대상이다.

디지털 전환의 핵심 기술인 클라우드, 머신러닝, 생성형 AI의 기초를 이해하면, 디지털 전환에 대한 창의적인 아이디어를 떠올리는 데 도움이 된다. 또한 데이터를 수집하고, 분석하고, 시각화하는 기본 원리와 이를 뒷받침하는 주요 기술을 제대로 이해하는 것은 디지털 전환을 성공적으로 이끄는 바탕이 될 것이다.

디지털 전환 기술을 빠르게 획득하는 방법
– 플러그 앤드 플레이(Plug and Play)

세상에는 다양한 스타트업이 존재한다. 배달의 민족이나 쿠팡처럼 모바일 앱을 기반으로 B2C 시장에서 성공한 스타트업이 많지만, 일반인에게는 잘 알려지지 않은 B2B 기반의 기업도 많다. 이들은 디지털 기술을 활용하여 이전에 없던 비즈니스 모델을 창출하거나, 거대 기업과의 협력을 통해 사업을 확장하는 등 다양한 방식으로 성장하고 있다. 그 결과 가끔은 뉴스에서 몇십 배 이상의 수익을 창출한 스타트업이나 투자자에 대한 이야기를 듣기도 한다.

예전에는 기업이 자체 역량과 투자를 통해 신사업을 개척하는 '유기적 성장'이 주를 이루었다. 하지만 최근에는 아이템 선정이 어렵고, 사업화 기간이 길며, 사업을 자체적으로 진행할 때 발생하는 리스크 때문에 '비유기적 성장'을 고려하는 기업이 늘어나고 있다. 이들은 벤처캐피털과 마찬가지로 외부 투자나 기업 인수 대상으로 스타트업에 관심이 많다. 투자 수익을 극대화하기 위한 목적도 있지만, 더 빠르게 혁신적인 기술을 탐색하여 사업에 적용하고자 하는 목적이 크기 때문이다.

잠재력이 큰 스타트업을 다른 기업보다 빨리 발견하기 위해서는 어떻게 해야 할까? 인터넷 검색이나 전문가의 조언 등 다양한 방법이 있다. 그중 하나가 스타트업과 투자자나 기업의 연결을 도와주는 '플러그 앤드 플레이'와 같은 플랫폼을 활용하는 것이다.

2019년 12월, 실리콘밸리에서 열린 플러그 앤드 플레이의 윈터 서밋에 참석한 적이 있다. 이 행사는 매 계절 열리며 그때마다 주제로 지정된 산업이 있고, 그 산업에 관련된 스타트업들이 자신의 제품과 서비스를 투자자나 기업에 피칭 형태로 소개한다. 당시 윈터 서밋은 IoT와 모빌리티가 주요 산업으로 선택되었고, 플러그 앤드 플레이 본사에서 개최되었다.

서밋은 수백 명이 충분히 참석할 수 있는 공간에서 진행한다. 예선을 통과한 스타트업은 약 10분 동안 피칭을 진행하며, 행사장 가운데에는 플러그 앤드 플레이 관계자를 비롯한 투자자와 기업 회원의 심사자가 모여서 비즈니스 모델의 적합성과 성장 가능성을 평가하여 우수한 스타트업을 선발한다. 피칭과 평가는 온종일 이어진다.

서밋에서 발표하는 스타트업은 치열한 경쟁을 거쳐온 기업으로, 비즈니스 모델, 기술, 시장에 대한 통찰력 수준이 매우 높다. 이로 인해 기업과 투자자의 관심이 높고 실제로 투자로 이어지는 예도 많다. 실리콘밸리에서 만난 한국의 어떤 회사 담당자는 매주 금요일마다 플러그 앤드 플레이에서 스타트업을 평가하면서 인지한 기술이나 스타트업 정보를 한국으로 송부하고 있다고 했다. 이날도 스타트업 발표를 검토한 뒤 의견을

첨부하여 본사로 보내는 모습을 볼 수 있었다.

플러그 앤드 플레이의 사업 모델은 단순하면서도 혁신적이다. 그들은 장소를 제공하고 돈이 필요한 사람과 기술이 필요한 사람을 연결한다. 매주 금요일에는 기업 회원이 무료로 스타트업의 사업 모델을 평가한다. 각 분야의 전문가를 직접 고용하지 않고 외부 전문가를 활용하여 비용을 절감하면서 전문성이 필요한 작업을 효과적으로 수행하는 셈이다. 물론 기업으로서는 무상으로 전문적인 일을 수행하는 데 불평도 있을 수 있다. 하지만 이는 새로운 기술을 초기부터 검토할 기회로 이어지기 때문에 신기술을 탐색하는 좋은 계기가 되기도 한다. 매주 피칭에 참여하는 스타트업은 아이디어를 종이에 써 온 회사부터 실용화가 임박한 회사까지 천차만별이다. 이러한 검증 과정을 통과한 스타트업이 서밋에서 발표하기 때문에 완성도가 매우 높다.

미국 시장이 중요하거나 미국 기업이 핵심 고객인 기업은 기술 동향 체크가 매우 중요하다. 고객이 언제든지 다른 업체로 대체할 수 있으므로, 이들은 현지에 기술 센터를 설치하고 신기술이나 스타트업을 계속해서 분석하면서, 고객이 어떤 기술에 관심이 있는지를 모니터링한다. 자사 제품에 적용할 기술이 있는지 확인하기 위해 기술이 처음 태동하는 곳에 안테나를 세우고 시장의 흐름과 새로운 기술 동향을 계속 모니터링한다.

애플이 고객인 회사는 아이폰에 쓰일 만한 기술이나 애플이 관심 가질 만한 기술을 예의 주시한다. 남보다 먼저 새로운 기술을 확보하거나, 적어도 뒤처지지 않게 최선을 다하고 있는 것이다. 신기술을 확보하기 위해 많은 기업이 총성 없는 전쟁을 벌이고 있는 모습에 깊은 인상을 받았다.

플러그 앤드 플레이의 사무실 벽에는 기업 가치를 정리한 표가 붙어 있었다. 그 표의 엑시트 항목에는 페이팔, 드롭박스, 리딩클럽 등이 포함되어 있었는데, 이는 플러그 앤드 플레이를 통해서 투자를 받아 성장한 기업들이 나중에 상장이나 매각을 통해 성공적으로 자금을 회수하고 성과를 거두었음을 의미한다.

플러그 앤드 플레이는 투자자와 스타트업 간의 연결뿐만 아니라 직접 투자도 진행한다. 이전에 페이팔에 직접 투자하여 초기 투자 금액보다 800배 이상의 이익을 얻었다고 한다. 만약 1억 원을 투자했다면 800억 원을 번 것이다. 이런 이유로 플러그 앤드 플레이가 어떤 스타트업에 투자한다는 소식이 나오면, 시장에서는 이미 해당 회사가 검증을 받았다고 인식해 추가로 투자가 몰리게 되며, 이를 통해 그 회사는 더욱 성공할 가능성이 커진다.

필자는 기업 회원 자격으로 참석했는데 몇몇 한국 대기업도 있었다. 신규로 참여한 한국 회사의 담당자들과 참여 동기와 목적에 관해 이야기를 나누어 보았다. 그들도 주로 신기술 동향을 파악하고 투자 가능한 스타트업을 찾기 위해 회원사로 참여했다고 말했다. 기업 회원의 참여 목적이 비슷하다는 느낌을 받았다.

2019년에는 한국에 플러그 앤드 플레이 지사가 없었지만, 2022년에 플러그 앤드 플레이 코리아가 설립되어 현재까지 활동 중이다. 생각보다 다양한 국가의 정부와 기업들이 스타트업을 육성하거나 투자하는 데 관심이 많았다.

플러그 앤드 플레이의 창업자는 사이드 아미디Saeed Amidi다. 이란 출신으로, 매우 친절하고 부드러운 성품을 가진 사람으로 알려져 있다. 사이드는 처음에 카펫 사업을 하면서 실리콘 밸리의 유명한 고객들과 거래를 했다. 스티브 잡스, 저커버그, 빌 게이츠와 같은 실리콘 밸리의 IT 분야 거물도 그의 고객이었다고 한다. 카펫 사업으로 번 돈을 부동산 투자에도 적극적으로 활용했다. 그러던 어느 날, 스타트업이 힘들게 일하고 있는 것을 보고 자신이 소유한 사무실을 무상으로 임대하고 일부 투자를 했는데, 그 회사가 바로 페이팔이었다. 성공을 거둔 후 그는 카펫 사업보다 스타트업 투자에 더 큰 가능성을 발견했다. 카펫 사업으로 쌓은 IT 인력과의 네트워크와 넉넉한 사무실 공간을 활용하여 스타트업과 투자자, 기업을 연결해주는 플랫폼 사업으로 사업을 확장했다. 이렇게 해서 탄생한 것이 플러그 앤드 플레이 플랫폼이다.

　디지털 전환은 디지털 신기술을 적극적으로 활용하는 것이 핵심이며, 대기업이든 스타트업이든 외부 생태계와의 협업이 매우 중요하다. 플러그 앤드 플레이 플랫폼은 자금과 고객 확보가 절실한 스타트업이나 기술이 필요한 기업과 투자자 간에 유익한 협업 기회를 제공하여, 양측이 모두 혜택을 얻을 수 있는 건강한 생태계를 만들어가고 있다.

06

디지털 전환의 영역과 방향성

앞서 디지털 전환을 '기업의 디지털 역량을 활용하여 전략, 조직, 상품·서비스, 프로세스, 시스템을 근본적으로 변화시키는 기업 전반에 대한 경영혁신 활동'으로 정의했다. 한 마디로 디지털 전환이란 디지털 기반의 전사적인 혁신 활동을 의미하는 것으로 크게 5가지 영역으로 나눌 수 있다.

첫째, 전략 영역에서는 회사의 큰 방향성과 목표를 달성하는 데 디지털 전환이 도움이 되어야 한다. 회사의 방향성과 다르게 나아가는 것은 마치 목적지와 다른 방향으로 노를 젓는 배와 같다. 따라서 경영진의 리더십이 필요할 뿐 아니라, 명확한 지향점을 제시하여 방향성을 일치시켜야 하고 중장기 로드맵을 수립하여 계획적으로 추진해야 한다.

둘째, 조직 영역에서는 디지털 전환을 추진하기 위한 전담 조직과 적절한 인력을 확보해야 한다. 디지털 전환 과제를 파트 타임이나 느슨한 형태의 TF 조직으로는 추진하기는 어렵다. 일하는 방식과 체질을 바꾸는 것이기에 전사적인 혁신 추진 체계가 필요하기 때문이다. 그리고 새로운 기술을 다루기 위해서는 기술 전문성이 있는 인력이 필요하다. 기존 조직에서 다루지 않았던 신기술이 많아서 내부 인력으로만 진행하기 힘들다. 인재를 육성하는 데 시간도 오래 걸리고 한계가 있어서, 내부 인력 육성과 외부의 전문 인력 채용을 병행해야 한다. 어떤 면에서 보면, 전문성 있는 인력 확보가 디지털 전환의 성공에 큰 영향을 미친다.

셋째, 비즈니스 모델 영역이다. 좁은 의미의 디지털 전환은 기존의 사업 모델을 새로운 형태의 사업 모델로 전환하는 것이다. 즉, 신기술과 축적된 데이터를 기반으로 새로운 제품과 서비스를 개발하거나, 전략적인 파트너십을 통해 신규 비즈니스 모델을 구축하는 것이 디지털 전환의 추진 방향이다.

넷째, 밸류체인 영역은 다양한 디지털 전환 과제가 실제로 적용되는 핵심 영역이다. 각 밸류체인에 신기술을 도입하고, 데이터를 분석하고, 프로세스를 최적화하고, 생산성을 향상하는 일이 진행된다. 이때 밸류체인의 연결을 강화하고 통합하여

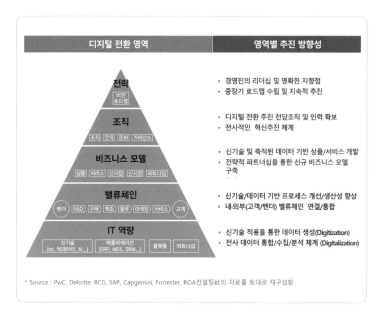

<그림 4> 디지털 전환의 영역 및 방향성

시너지를 창출하려면, 내외부 밸류체인에서 발생하는 비효율을 제거하거나 최소화하는 것이 무엇보다 중요하다.

다섯째, IT 역량 영역은 전략, 조직, 비즈니스 모델, 밸류체인에서 설정한 추진 방향을 현실로 구현하는 역할을 한다. 과제의 최종 결과물은 주로 IT 시스템을 통해서 구현되기 때문에 IT 역량은 디지털 전환의 핵심 부분이며, 오프라인의 수작업 업무를 0과 1의 디지털로 전환해주는 디지타이제이션과 이를 통합·수집·분석 체계로 만들어주는 디지털라이제이션은 중요한 추진 방향이다.

다시 한번 강조하면 디지털 전환은 IT 조직 내 소수 인력만으로 절대 수행할 수 없다. 전략부터 조직, 비즈니스 모델, 밸류 체인, IT 역량의 다양한 구성 요소가 효과적으로 결합하여야만 가능한 어려운 과업이다. 시스템 구축 경험과 운영 전문성이 높은 기존 IT 조직과 AI·빅데이터·클라우드와 같은 디지털 기술 전문성이 높은 인력이 긴밀히 협력해야만 시너지를 낼 수 있다.

디지털 전환 수준과 혁신 사례

디지털 전환의 수준

디지털 전환을 추진할 때, 많은 이들이 현재 자사 수준이 어느 정도인지를 알고 싶어 한다. 더불어 디지털 전환을 통해 어떤 단계를 거쳐서 어느 수준으로 성장해야 하는지도 궁금해한다. 자사뿐만 아니라 동종 회사, 경쟁사, 선도 회사와 수준을 비교해서 대략 현재 자사의 수준과 미래에 도달하고자 하는 수준을 이해하고 싶어서다.

일반적으로 현재 수준은 AS-IS, 미래의 목표는 TO-BE로 지칭한다. AS-IS 와 TO-BE 사이의 차이를 갭이라고 표현하며, 이 갭을 줄이기 위한 활동을 디지털 전환 과제 또는 개선 과제라 부른다. 이런 개선 과제를 완수해 가면서 수준을 점차 끌어올리는 것이다.

〈그림 5〉는 제조 영역에서의 디지털 전환 수준을 크게 4가지 단계로 구분한 것이다. 가로축은 디지털라이제이션의 수준을 나타내며, 세로축은 가치 창출의 규모를 보여준다. 〈그림 5〉를 참조해서 자사의 산업과 기업에 맞게 구성해보면, 대략의 수준과 방향성을 이해하는 데 도움이 된다.

첫 번째는 '공장 자동화'로, 데이터 생성과 수집이 이루어지는 단계다. 일반적으로 공장 자동화는 물리적인 설비와 시스템을 고도화하여 인간이 수행했던 작업을 대체하는 과정을 의미한다. 설비나 센서에서 생성된 데이터를 수집하고, 문제가 발생하면 신속하게 관련자에게 통보하고, 원격으로 설비나 장치를 조정하여 생산성을 높이는 것이 이 단계의 특징이다.

두 번째는 '스마트팩토리'로, 데이터를 분석하여 의사결정에 활용하는 단계다. 설비 데이터를 분석하여 이상 징후를 사전에 예측하고 선제 조치를 통해 설비 가용성 향상, 생산량 증가, 원가 절감, 업무 시간 단축 등의 효과를 얻는다. 이 단계는 밸류체인 중에서 제조 영역에 초점을 맞추고 있다.

세 번째는 '밸류체인 통합·최적화'로, 데이터를 통합하는 단계다. 이전 단계까지는 주로 제조에 중점을 두었지만, 이제는 회사 내의 다른 밸류체인을 포함하여 내외부 밸류체인과의 통합과 최적화로 확장된다. 다른 밸류체인과 데이터까지 통합되면, 업무가시성이 확보되며 업무 처리 속도가 기존과 비교할 수 없이 개선된다. 또한 데이터 기반의 예측 경영이 가능해지며, 고객 주문 시점부터 인도까지의 모든 단계를 실시간으로 파악할 수 있어 수요 예측과 납기 예측 등 다양한 경영 전략을 수립할 수 있다.

마지막은 '신규 비즈니스 모델'로, 데이터 기반 신사업을 진행하는 단계다. 여기서는 축적된 데이터를 활용하여 새로운 제품이나 서비스를 개발하는 것이 주요 목적이다. 데이터 기반 신사업을 성공적으로 추진하면, 고부가가치 중심으로 지속적인 성장이 가능하다. GE의 데이터 분석 기반 엔진 예지보전

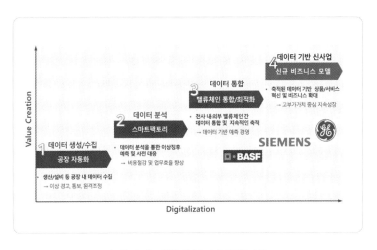

〈그림 5〉 제조 영역에서의 디지털 전환 수준

사업, 지멘스의 PLMProduct Lifecycle Management, 제품수명주기관리이나 IIoTIndustrial Internet of Things 플랫폼 사업 등이 좋은 예다.

문득 우리 회사는 어느 정도일까라는 질문이 떠오를 것이다. 산업마다 조직마다 상황이 달라서 이를 정량화하기 쉽지 않다. 따라서 단계나 수치에 집착하기보다는 나아가야 할 방향을 설정하는 측면에서 〈그림 5〉를 활용하는 것이 좋다.

디지털 전환 사례

디지털 전환이 처음 화두가 되었을 때, 이 분야에서 선도적인 기업이 어떤 기업이고 구체적인 사례가 무엇인지 다들 궁금해했다. 스마트팩토리, 4차 산업혁명, 인더스트리 4.0과 같은 유사한 용어가 다양하게 언급되었지만, 개념이 명확하지 않아 구체적인 사례를 통해서 이해하려는 노력이 이어졌다.

개인적으로 디지털 전환에 관심이 생긴 계기는 GE와 관련이 있다. 스마트팩토리를 준비하면서 GE가 개발한 IIoT 플랫폼인 프리딕스Predix를 처음 접했고, 2016년 KBS에서 방영된 디지털 전환 특집 프로그램을 통해서 GE의 엔진 데이터 분석 사업이 큰 주목을 받고 있다는 사실을 알았다. 2017년과 2018년에 GE의 이멜트 회장이 한국을 방문했을 때, 우리나라의 여러 기업이 GE디지털을 포함한 GE의 회사들과 협력을 모색하기도 했다.

GE는 전통적인 제조 기업이지만, 새로운 사업을 개척하기 위해 GE디지털을 설립했다. 이 회사에는 IBM과 시스코 등 다양한 IT 회사 출신의 전문가가 모여 있었기 때문에 기대감이 꽤 높았다. GE디지털은 IT 전문가가 모여 제조 기업에서 기술적 혁신을 일으킬 수 있는 잠재력이 높은 기업으로 주목을 받았다. 당시 GE디지털은 GE의 계열사이자 진동 모니터링 솔루션 회사인 벤틀리 네바다(현재 베이커 휴즈 계열사), 예지보전 솔루션 조직인 시카고의 스마트 시그널 담당 조직, 그리고 인도 푸네에 있는 멀티모달 공장과 협업하고 있었다.

　이 협업을 통해 GE는 제조업 강자로서의 입지를 확고히 하고, 제품 판매 이후에 발생하는 데이터를 수집하고 분석하여 서비스화하는 전략을 채택했다. 이러한 데이터 분석 서비스를 통해 새로운 매출을 창출하는 방식이 디지털 전환의 핵심 개념으로 간주되어 전 세계적으로 큰 주목을 받았다.

　유럽에서는 독일의 지멘스가 '마인드스피어MindSphere'라는 IIoT 플랫폼으로 GE 못지않게 디지털 전환을 성공적으로 추진했다. 지멘스를 배우고자 하는 전 세계의 기업이 너무 많아서 독일 현지 공장의 벤치마킹 일정을 잡기가 매우 어려울 정도였다. 우리도 여러 차례 시도하다가 결국은 스마트팩토리의 성지처럼 여기는 독일의 암벡 공장을 벤치마킹하지 못하고, 암벡 공장 콘셉트로 지어진 중국 청두에 있는 지멘스 공장을 방문했다. 당시 지멘스 관계자는 청두 공장이 최신이라서 오히려 암벽 공장보다 더 낫고, 암벽 공장은 오래된 공장이라 공정마다 편차가 크다고 말했다.

지멘스 청두 공장은 공정 수율이 99.99885%로, 100만 개를 생산할 때 불량이 10개밖에 나오지 않는다고 자랑스러워했다. 그도 그럴 것이 암벽 공장이 수십 년에 걸쳐 이룩한 성과를 3년 만에 달성할 정도로, 지멘스는 청두 공장에 큰 노력을 기울여 왔기 때문이다. 청두 공장은 공장 설비를 제어하는 PLC를 만들기 때문에 '공장을 만드는 공장'이라는 별명을 가지고 있다.

지멘스는 사업 영역이 광범위하여, PLC처럼 공장에서 사용하는 제품뿐만 아니라 다양한 제품을 설계·생산하고 있다. 자사 제품을 직접 설계하면서 쌓인 산출물을 관리하거나, 제품 라이프 사이클을 관리하는 노하우를 담은 PLM(제품 수명 주기 관리) 소프트웨어를 자체 개발하여 내부 생산성도 높이고 외부에 판매도 하고 있다. IIoT 플랫폼을 기반으로 공장 설비와 공정에서 수집한 데이터를 공정 최적화에 적극적으로 활용하고 있으며, 소프트웨어 플랫폼 사업도 추진하고 있다.

지멘스는 자사의 PLM을 활용하여 PLC를 설계·제조하고, PLC는 생성된 데이터를 마인드스피어로 보낸다. 마인드스피어는 PLC에서 받은 데이터를 수집·분석·시각화하는 디지털

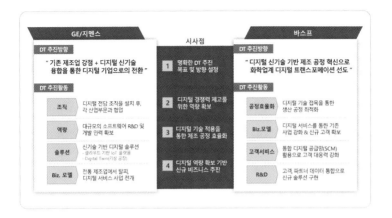

〈그림 6〉 디지털 전환 사례

트윈을 제공하며, 최종적으로 SAP로 인터페이스 하게 된다. 지
멘스의 디지털 전환은 독일의 인더스트리 4.0 개념을 실제로
구현한 사례로 자주 소개된다.

지멘스는 원래 오랜 역사만큼이나 제조업에 대한 전문성이
높은 기업이었지만, 현재는 비즈니스 영역을 소프트웨어와 디
지털로 확장하여 다양한 사업을 펼치고 있다. 제조업을 수행하
는 데 필요한 소프트웨어를 외부에서 구매하지 않고 직접 개발
하면서 소프트웨어 역량을 강화했다. 이렇게 개발된 소프트웨
어를 고도로 향상시켜 다른 기업에 판매하면서 소프트웨어 사
업으로 사업을 확장했다. 이후 현장에서 발생하는 대량의 데이
터를 수집하고 관리하는 데 필요한 IIoT 플랫폼과 이를 통한
디지털 트윈 사업까지 확장하면서, 지멘스는 지속해서 혁신과

다각화를 추구하고 있다. 지멘스는 제조업의 경계를 뛰어넘어 공장에서 사용되는 시스템과 데이터에 기반한 사업으로 전환한 모범적인 사례로, 지멘스의 마인드스피어는 가트너의 2021년 매직 쿼드런트에서 비저너리로 선정되기도 했다.

반면에 GE는 이멜트 회장 퇴임 이후 상황이 악화되어 GE디지털뿐만 아니라 기존 사업도 이전처럼 주목받지 못하고 있으며, 디지털 전환 분야에서 어려움을 겪고 있다. 이는 굴뚝 기업이 디지털 기술을 활용하여 사업을 전환하는 것이 얼마나 어려운지를 보여주는 사례로 해석된다.

GE와 지멘스 두 기업 간의 차이는 무엇일까? 그것은 바로 GE가 주로 터빈, 엔진, 항공 등 중후한 사업 분야에 집중해왔고, 소프트웨어보다는 하드웨어에 더 익숙한 기업이라는 점이다. GE의 소프트웨어 사업은 M&A로 외부 기업을 인수하고 단기간에 IBM, 델, SAP, MS 등에서 영입한 IT 인력으로 조직을 구성하여 사업을 추진하다 보니, 이 과정에서 여러 가지 어려움이 발생했을 것이다.

지멘스도 하드웨어 사업의 역사가 깊지만, PLC 등 공장에서 사용되는 정밀한 제품을 개발하고 관리하면서 소프트웨어 분야에서 높은 수준의 전문 지식과 경험을 쌓아왔다. 이런 지식과 경험을 기반으로 PLM 솔루션이나 디지털 트윈과 같은 솔루션화를 적극적으로 추진한 것이 GE와 가장 큰 차이라고 할 수 있다. 역량이 우수한 소프트웨어 전문가를 다수 확보한 점도 큰 장점이라고 볼 수 있다.

세계 최대의 석유화학 회사인 바스프는 역사와 규모 면에서 전 세계 화학 산업을 리드하는 독일 기업이다. 바스프는 디지털 전환을 통해 공정 최적화, 고객 확보, 내외부 SCM 통합, 데이터 통합 등의 성과를 창출하고 있다. 바스프는 GE나 지멘스와는 달리 디지털 전환을 통해 새로운 비즈니스 모델로 확장하지는 않았지만, 내부적인 혁신을 이루기 위해 디지털 신기술을 적극적으로 도입한 좋은 사례로 평가된다. 특히 석유화학 업계에서는 바스프의 데이터 분석을 통한 예지보전이나 공정 최적화와 같은 데이터 기반 의사결정에 많은 관심을 보이고 있다.

앞에 언급한 3개의 기업 외에도 존디어, 카길, 도미노 피자, 골드만삭스, 어도비 등 다양한 기업이 디지털 전환을 추진하고 있다. 특히 도미노 피자는 피자 회사임에도 불구하고 디지털을 효과적으로 활용하고 있다는 평가를 받고 있어, 그 사례도 주목할 만하다.

성공적으로 디지털 전환을 이룬 기업에는 세 가지 공통점이 있다.

첫 번째는 자체적으로 디지털 전환의 방향과 목표를 설정했다는 점이다.

두 번째는 디지털 전환을 실행하기 위한 역량을 키우는 데 노력했다는 점이다.

세 번째는 디지털 전환이라는 방향과 목표를 달성하기 위한 실행력이 높았다는 점이다.

앞에서 설명한 기업 외에도 축적된 디지털 역량을 기반으로 신규 비즈니스를 창출한 사례가 많이 나타나고 있으며, 앞으로도 많은 기업이 디지털 전환을 통해 비즈니스 모델을 발전시키기 위해 지속해서 노력할 것이다. 그 결과 지금보다 더욱더 성숙하고 다양한 형태로 디지털 전환에 성공한 기업이 증가할 것으로 기대된다.

Chapter 2

디지털 전환의 핵심 기술
- 클라우드

01

클라우드는 어떻게 시작되었나

　디지털 전환 과제를 준비하고 진행하다 보면 클라우드라는 용어를 빈번하게 마주하게 된다. 클라우드로 인프라를 이관한 사례, 클라우드에서 데이터를 수집하고 AI 플랫폼을 활용하여 모델을 개발한 사례, 클라우드 플랫폼을 통해 개발 일정을 단축하고 비용을 절감한 사례 등 다양한 경험을 접한다. 그러나 클라우드의 개념, 종류, 특징을 정확히 알고 있는 사람은 생각보다 많지 않다. 클라우드가 디지털 전환과 어떤 관련이 있는지, 그 개념이 얼마나 중요한지, 어떤 상황에서 활용하는 것이 적합한지 의문이 있을 수 있다. 이러한 의문에 대해서 그동안 필자의 경험을 바탕으로 이야기를 시작해 보려고 한다.

클라우드가 소개되던 초기에는 클라우드를 실제로 경험해본 사람이 많지 않았다. 그렇다 보니 클라우드가 단순한 마케팅 용어인지, 아니면 그 안에 유의미한 실체가 있는지 의문과 논란이 많았다. 필자는 2013년에 아마존 웹서비스AWS 클라우드 콘퍼런스에 참석한 적이 있었는데, 그때 처음으로 클라우드에 대한 설명을 들었다. 지금이야 클라우드에 대한 이해가 높고 도입 경험도 풍부하지만, 그 당시에는 클라우드가 완전히 새로운 개념이어서 클라우드의 필요성과 운영 방식을 잘 이해하지 못했다. 특히 온프레미스와 비교해 장점이 명확하지 않았고 웹호스팅이나 코로케이션과 크게 다르지 않아 보여서 클라우드 사업자를 자체 데이터센터를 보유한 IT 서비스 회사들의 경쟁사로만 생각했다.

그로부터 10여 년이 지난 지금은 그때와는 비교할 수 없이 많은 기능이 클라우드에 추가되었고 클라우드 사용자에게 다양한 서비스가 제공되고 있다. 초창기에는 IT 서비스 회사가 클라우드 사업자를 경계하며 적대적인 태도를 보였다. 하지만 지금은 수많은 IT 서비스 회사가 클라우드 사업자의 파트너로 협력하며 클라우드 사업을 적극적으로 추진하고 있다. 또한 클라우드의 역할이 중요해지면서 AWS, MS, 구글, 오라클, 네이버, NHN, KT 등 국내외 클라우드 사업자CSP, Cloud Service Provider 간에도 치열한 경쟁이 벌어지고 있다.

클라우드를 도입하기 전에는 하드웨어나 소프트웨어를 직접 구매하여 사무실이나 특정 장소에 설치해서 운영했다. 이런 방식은 여러 장점이 있었지만, 동시에 여러 가지 단점도 동반했다. 보통 IT 인프라를 구매할 때 5년 후의 사용량을 예상하고 그에 맞춰 하드웨어 용량을 산정한다. 5년 후의 사용량을 예상하여 구매하다 보니, 불가피하게 예상 용량에 도달하기 전까지의 4년간은 사용되지 않는 유휴 자원이 발생한다. 반대로 사용량이 예상보다 많아지면, 자원을 추가로 증설해야 하는 경우도 있다. 이때 하드웨어를 신속하게 증설할 수도 있지만, 부품 단종이나 재고 부족과 같은 공급망 이슈가 발생하기라도 하면, 원하는 대로 증설을 하지 못하는 때도 있다.

클라우드는 이러한 문제를 해결하는 유용한 대안이다. 5년 후에 필요한 자원을 미리 구매할 필요가 없다. 사용한 만큼만 요금을 부과하고, 언제든지 쉽게 인프라를 사용하거나 중단할 수 있다. 또한 용량은 필요할 때 언제든지 증감할 수 있어서 유연성이 매우 높다. 이러한 장점 때문에 AWS, MS, 구글, 네이버 등의 클라우드 사업자가 미리 선투자하여 인프라를 구성하고, 이를 구독 방식으로 판매하기 시작했다.

IT에서는 하드웨어나 소프트웨어 등을 엮어 설계도를 그리는데, 이를 '구성도'라고 한다. 이 구성도에서는 클라우드를 구름으로 표현한다. 그 이유는 명확하지는 않다. 자신들이 사용하는 인프라가 어디에 있는지 물리적으로 알 수 없어서 구름 뒤 어디에 있다는 개념을 구름으로 표현한 것이라는 주장이 있다. 또 다른 가설로는 네트워크 구성도에서 서버 아이콘을 원으로 둘러싼 서버 클러스터가 여러 원과 겹치는 모양이 클라우드(구름)와 닮아 구름으로 표현했다는 이야기도 있다.

02

온프레미스, 퍼블릭 클라우드, 프라이빗 클라우드

〈그림 7〉은 온프레미스, 퍼블릭 클라우드, 그리고 프라이빗 클라우드의 차이를 비교한 것이다.

먼저 온프레미스 환경은 모든 IT 자산이 회사 네트워크 내에 위치하고 외부와는 방화벽을 통해 연결된다. 퍼블릭 클라우드는 IT 자산이 회사 네트워크 외부에 위치하고 방화벽을 통해 회사와 연결된다. 반면 프라이빗 클라우드는 인터넷과 회사 네트워크 사이에 별도의 클라우드 환경이 설정되어 모든 IT 자산이 관리된다.

퍼블릭 클라우드 사업자들은 처음에는 주로 IaaSInfrastructure as a Service로 알려진 인프라 서비스를 제공하다가 플랫폼 서비

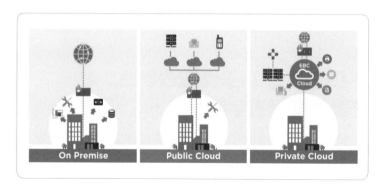

〈그림 7〉 온프레미스 vs 퍼블릭 클라우드 vs 프라이빗 클라우드

스로 사업 영역을 확장하였다. PaaSPlatform as a Service는 클라우드 상에서 서비스 형태로 플랫폼을 제공하는데 IoT, 빅데이터, AI와 같은 다양한 플랫폼이 널리 활용되고 있다. 예전에는 많은 기업이 하드웨어와 소프트웨어를 직접 구매하고 프로젝트를 통해 자체 플랫폼을 구축했다. 하지만 시간과 비용이 많이 들고 운영도 어려웠다. 이러한 어려움을 해결하기 위해 기업이 자주 사용하는 플랫폼을 클라우드에 올려서 서비스하는 PaaS 방식이 생겼다.

PaaS는 프로젝트의 근본 목적을 달성하는 데 매우 유용한 도구다. 예를 들어, 데이터 기반 의사결정을 위한 대시보드 시스템을 구축한다고 가정하면, 업무 영역은 크게 데이터 분석 플랫폼과 시각화 부분으로 나눌 수 있다. 일반적으로 데이터 분석 플랫폼 구축이 시각화보다 훨씬 더 복잡하고 어렵다. 확보된 자원과 역량이 충분하다면, 자체 데이터 분석 플랫폼을 구축하는 것이 좋지만, 서비스 방식으로 제공되는 PaaS를 활용하면 플랫폼 구축에 드는 시간, 비용, 그리고 리스크를 상당히 절감할 수 있다. 따라서 자체적으로 플랫폼을 구축하기가 부담스럽다면, PaaS를 사용하는 것이 좋다. 검증된 PaaS를 활용하면, 도구를 구축하는 데 시간을 낭비하지 않고 프로젝트의 핵심에 집중할 수 있다.

PaaS에서 한 단계 더 나아간 개념이 SaaS다. SaaS는 Software as a Service의 약자로, 소프트웨어를 서비스 형태로 이용하는 것을 의미한다. 세일즈포스Salesforce는 CRMCustomer Relationship Management, 고객 관계 관리 분야의 대표적인 SaaS로, 기업은 인프라 설치부터 애플리케이션 개발까지 전혀 손댈 필요가 없다. 세일즈포스에 계정을 만들고 환경을 설정한 후 웹을 통해 손쉽게 이용할 수 있으므로 인프라 설치와 소프트웨어 개발에 대한 부담이 없다. SaaS를 효과적으로 사용하면, 인프라 구축, 플랫폼 설치, 애플리케이션 개발에 드는 인력, 비용, 시간을 현격히 절감할 수 있다. 다만 기업은 통제권이 없어서 현재의 애플리케이션의 상세 운영 상황을 파악하기가 어렵고, 새로운 기능을 요청했을 때 반영되지 않을 가능성이 크다는 점이 약점이 될 수 있다.

온프레미스와 IaaS, PaaS, SaaS는 어떤 차이점이 있을까? 〈그림 8〉은 클라우드를 설명하는 자료에서 많이 볼 수 있는데, 인프라 서비스 종류별로 고객의 책임 영역과 클라우드 사업자의 책임 영역을 구분해 놓은 자료다.

인프라부터 애플리케이션까지 운영 환경을 수직적으로 구성해보면, 제일 하단에 네트워킹이 위치한다. 그 위에 데이터가 저장되는 스토리지, 그다음에는 서버가 있다. 여기까지가 물리적인 구성이다. 그 위쪽에 있는 가상화는 인프라를 논리적으로 분할하여 사용할 수 있도록 한다. 가상화된 환경에 리눅스나 윈도 서버 같은 운영체제를 설치하고 그 위에 웹서버나 WASWeb Application Server 등의 미들웨어를 설치하여 실행 가능

완전한 컨트롤과 가시성 ⟶	일정 정도의 컨트롤과 가시성 ⟶		컨트롤과 가시성 無
온프레미스 프라이빗 클라우드	Infrastructure as a Service (IaaS)	Platform as a Service (PaaS)	Software as a Service (SaaS)
애플리케이션	애플리케이션	애플리케이션	애플리케이션
데이터	데이터	데이터	데이터
런타임	런타임	런타임	런타임
미들웨어	미들웨어	미들웨어	미들웨어
운영체제	운영체제	운영체제	운영체제
가상화	가상화	가상화	가상화
서버	서버	서버	서버
스토리지	스토리지	스토리지	스토리지
네트워킹	네트워킹	네트워킹	네트워킹

■ 고객 책임　　■ 클라우드 사업자 책임

〈그림 8〉 온프레미스, IaaS, PaaS, SaaS 비교

한 런타임을 준비한다. 마지막으로 데이터베이스를 설치하고 애플리케이션을 구성하면 운영 환경이 완성된다.

온프레미스와 프라이빗 클라우드는 네트워킹부터 애플리케이션까지 모든 일을 기업이 책임을 지고 직접 수행해야 한다. IaaS는 네트워킹부터 가상화까지는 클라우드 사업자의 책임이고 운영체제부터 애플리케이션까지는 기업의 책임이다. PaaS는 데이터와 애플리케이션만 기업의 책임이고 나머지는 클라우드 사업자의 책임이다. SaaS는 모두 클라우드 사업자의 책임이다.

온프레미스와 프라이빗 클라우드는 기업이 직접 구축하고 운영한다. 따라서 기업이 직접 통제할 수 있고 어떤 일이 일어나는지 모두 파악할 수 있다. SaaS는 기업이 거의 통제할 수 없고 어떤 일이 일어나는지 확인하기 어렵다. IaaS와 PaaS는 기업이 어느 정도 통제할 수 있고 현황 파악을 할 수도 있다.

내부에 전문 인력이 부족하거나 보안 규정 때문에 클라우드를 사용할 수 없는 회사도 있다. 회사마다 상황이 다르고 인프라 환경마다 특징이 서로 달라서 어떤 환경이 정답이라고 말하기는 어렵다. 따라서 비즈니스 요구 사항과 자사의 IT와 디지털 전환 역량에 맞는 환경을 선택하는 것이 중요하다.

03

온프레미스와 서버 룸

    온프레미스 방식의 인프라 설치·운영 방식을 이해하면, 클라우드를 좀 더 쉽게 이해할 수 있다. 온프레미스는 기업이 자체 서버 룸이나 데이터센터에 직접 하드웨어와 소프트웨어를 설치하고 운영하는 방식을 말한다. 현재까지도 많은 기업이 이 방식을 활용하고 있다.

    과거 데이터센터가 없던 시절에는 PC서버나 워크스테이션을 사무실에 두고 애플리케이션을 직접 운영했다. 그러나 사무실에서 24시간 서버를 운영하면, 전력 소비, 공조 문제, 장애, 파손, 도난 등 여러 어려움이 생길 수밖에 없다. 서버를 가동하면 서버 내부에 계속 열이 발생한다. 여름에는 더운 날씨로 서버 온도가 더 많이 상승한다. 먼지 방지 장치가 없어서 청소를 소홀히 하면, 서버에 먼지가 쌓이는 등 유지보수도 불편했다. 서버가 일반 사무실에 있다 보니 지나가는 사람의 발에 걸려 전원선이나 네트워크 케이블이 빠지기도 했다. 도난과 파손의 우려도 있어서 서버를 안정적으로 운영하는 방법을 찾아야 했다.

서버에 문제가 발생하면, 해당 서버에서 운영되는 모든 웹 서비스가 중단될 수밖에 없다. 예를 들어, 쇼핑몰 사이트가 단일 서버에서 운영되고 있는데 서버가 다운되면, 사용자는 해당 쇼핑몰을 이용할 수 없다. 그래서 같은 기능을 하는 서버를 두 대 운영하면서 한 대의 서버에 문제가 발생하면, 다른 서버를 통해 서비스를 지속할 수 있도록 구성한다. 이를 '서버 이중화'라고 한다. 이는 자동차에 스페어 타이어를 갖추어 펑크가 날 때를 대비하는 것과 유사한 개념이다.

서버 도난을 방지하기 위해서 잠금장치가 있는 박스에 서버를 보관하던 때도 있었다. 그러다가 서버 관리의 효율성을 높이기 위해 별도의 서버 룸이 필요하다는 인식이 확산하면서, 사무실의 일부 공간을 서버 룸으로 만들기 시작했다. 그러나 여러 서버를 서버 룸 한 곳에 설치하면서 운영은 효율화했지만, 한정된 공간에 서버와 네트워크 장비, 전원선, 케이블 등을 계속 추가로 설치하면서 새로운 문제가 발생하기 시작했다. 예를 들어, 한 공간에서 PC서버를 수평적으로 계속 늘리다 보니, 공간 제약으로 서버를 더는 추가할 수 없었다.

이에 대한 대안으로 좁은 공간을 최대한 활용하기 위해 서버와 네트워크 장비를 랙이라는 서랍장 형태의 장비에 수직으로 쌓는 방식을 도입하였다. 랙은 책장과 유사하다. 많은 양의 책을 효율적으로 수납하기 위해서 4단이나 5단 책장을 사용하여 책을 수직으로 정리하는 것과 같은 원리로, 서버를 수직으로 쌓아서 배치함으로써 한정된 공간을 최대한 효율적으로 이용하는 방법이다. 랙에 설치된 여러 대의 서버를 하나의 모니터와 키보드·마우스로 효율적으로 작업할 수 있도록 구성하는데, 이러한 기능은 일반적으로 KVMKeyboard, Video, Mouse 스위치를 통해 구현된다. KVM은 여러 서버를 하나의 작업 환경에서 효율적으로 관리할 수 있도록 도와준다.

서버 룸은 바닥에 단을 쌓아서 마루를 설치한 다음에 서버와 랙은 마루 위에 올리고, 마루 밑으로는 전원선과 네트워크 케이블이 지나가게 한다. 마루를 설치하는 이유는 미관상의 이유도 있지만, 복잡한 네트워크 케이블과 전원 케이블을 바닥에 배치함으로써 공간을 효율적으로 활용하기 위해서다.

서버가 밀집되고 랙이 증가하면서 높은 열이 발생하고, 뜨거운 열을 식히기 위해 서버 팬이 작동하면서 서버 룸은 소음으로 가득 찬다. 특히 더운 여름에는 과열로 서버가 다운될 수 있기 때문에 이를 방지하기 위해 에어컨을 설치하여 24시간 가동해야 한다. 이 과정에서 에어컨의 전력 소모량이 많아서 가끔 전력 과부하로 서버가 다운되면, 추가로 전력 용량을 높이는 공사를 진행하기도 한다.

서버 룸은 애플리케이션을 운영하는 서버가 운영되는 장소로 기업에는 매우 중요한 공간이다. 하드웨어와 소프트웨어가 원활하게 운영되지 않으면, 기업 업무가 마비될 수 있기 때문이다. CISA와 CISSP와 같은 자격증에서도 이 부분을 다루고 있다. CISA는 '국제 공인 정보시스템 감사사'이며, CISSP는 '국제 공인 정보시스템 보안 전문가'다. 이들의 업무 영역에는 전산실의 재해 대응과 관련한 일도 포함되어 있는데, 특히 서버 룸과 데이터센터의 운영 중요성이 강조되었다. 예를 들어, IT 자산에 화재가 발생하면, 불을 끄기 위해 물을 사용해서는 안 되고 서버에 영향을 주지 않도록 가스를 사용해야 한다는 것이다. 이는 안정적인 IT 자산 운용이 기업의 지속가능성에 크게 영향을 미치기 때문이다.

하지만 이러한 요구 사항을 충족하는 서버 룸을 독자적으로 구축하고 운영하는 것은 기업에 상당한 부담이 될 수밖에 없어서, 운영 효율화를 위해 같은 건물에 있는 기업이 서로 협력하여 통합 서버 룸을 구축하고 관제 인력을 상주시켜 운영하는 트렌드가 생겼다. 비록 전문 데이터센터 수준은 아니지만, 필요 시설과 인력을 갖추어 운영하기 때문에, 이전과는 달리 시너지 효과가 나타나며 시스템을 보다 안정적으로 운영할 수 있다는 장점이 있었다.

04

데이터센터

빌딩 내에서 서버실을 효율적으로 운영한다 해도 시간이 흐르면 공간이 부족할 수밖에 없다. 기업이 전산화를 진행하면서 업무가 대부분 IT 시스템으로 전환하고 새로운 애플리케이션이 계속해서 추가되면 불가피하게 하드웨어도 증가한다. 이로 인해 초기에 계획했던 서버실의 공간이 부족해지는 문제가 발생한다. 그뿐 아니라 서버실에 계획보다 많은 장비가 설치되면, 더 많은 전력이 사용되며 이에 맞춰 전력 설비를 늘려야 한다. 또한 정전에 대비하여 서버 용량에 맞는 무중단 전력 공급 장치UPS도 증설해야 한다. 사무용으로 설계된 건물에서 IT 장비와 설비를 함께 운영하다 보면, 여러 부분에서 한계를 경험하면서 이러한 문제를 해결하기 위해 새로운 방법을 모색하게 된다.

첫 번째 대안은 현재 운영 중인 모든 장비를 전문 데이터센터로 이전하여 외부에 위탁 운영하는 방법이다. 모든 자산은 기업이 소유하고, 데이터센터에 상면 비용, 관리 비용, 관제 비용 등을 지급하는 방식이다.

두 번째 대안은 데이터센터를 직접 구축하고 해당 공간에 입주하는 방식이다. 대기업은 네트워크, 보안, 서버, 애플리케이션 운영 등에서 시너지를 얻기 위해서 자체 데이터센터를 보유하기도 한다. 이때 몇몇 대기업은 2곳 이상의 데이터센터를 운영하는데, 각 데이터센터가 다른 데이터센터의 재해복구(DR) 임무를 수행한다. 재해복구는 하나의 데이터센터에서 재해나 장애가 발생했을 때 다른 데이터센터가 대신하여 시스템을 운영할 수 있도록 하는 것을 의미한다. 9·11사태 때 세계무역센터 빌딩에 구축된 IT 시스템이 붕괴한 상황에서도 매우 짧은 시간에 다른 지역의 데이터센터에서 시스템을 복구하고 운영한 사례가 있다.

사무용 빌딩에서 운영하던 서버실의 장비를 데이터센터로 이전함으로써 전문적이고 안전한 환경에서 전문가의 관리를 받으며 안정적으로 운영을 할 수는 있지만, 데이터센터로의 이전이 모든 문제를 해결해 줄 수는 없다. 무엇보다 장비의 주문, 입고, 설치까지 시간이 오래 걸린다는 점은 여전히 해결해야 할 과제로 남는다. 하드웨어와 소프트웨어 사양을 검토하고 발주하면, 실제로 장비가 납품되기까지 상당한 시간이 걸린다. 장비가 도착하면, 데이터센터에 입고하여 하드웨어를 조립하고 설치한 후에 소프트웨어를 설치한다. 그 후에 애플리케이션을 설치하고 이것저것 테스트를 하다 보면, 예상보다 훨씬 더 많은 시간이 걸린다. 이 과정이 최소 몇 개월이 걸리며, 특히 2020~2022년 코로나 기간에는 공급망이 불안정하여 하드웨어의 납기가 1년 가까이 걸리기도 했다. 또한 반도체 대란으로 인해 발생하는 납기 지연도 큰 영향을 끼쳤다.

하드웨어를 구매할 때는 일반적으로 5년 뒤에 발생할 것으로 예상하는 트랜잭션을 고려하여 메모리, 하드디스크, CPU 등을 충분히 구매한다. 하지만 시스템 도입 초기에는 자원 사용률이 10% 정도밖에 되지 않는 때도 있다. 그렇다고 용량을 산정할 때 피크치를 너무 낮게 설정하면, 예상치를 웃도는 트랜잭션이 몰리면서 서버가 제대로 작동하지 않거나 서비스가 아주 느려지는 상황이 발생할 수 있다. 이런 이유로 서버 사용률이 낮더라도 높은 용량을 선호할 수밖에 없다.

하드웨어 제조사는 납품한 제품을 유·무상으로 유지보수를 하기는 하지만, 유지보수 기간에 제한이 있을 뿐 아니라 시간이 지나면 부품 수급에 문제가 생길 수 있다. 몇 년이 지나서

CPU나 메모리를 증설하거나 고장 난 부품을 교체하고 수리해야 할 때, 원하는 시점에 조달이 안 될 수 있다. 차종이 단종되어 오랜 시간이 흐르면, 부품을 구하기 어려운 상황과 비슷하다. 이런 이유로, 부득이 처음부터 큰 스펙의 하드웨어를 구매하여 향후 업그레이드와 지원 이슈를 예방하려고 한다.

정리하자면, 데이터센터는 처음부터 IT 자원을 운용하기 위해 전문적으로 설계된 시설로 여러 장점이 있다. 안정적인 전기 공급, 항온·항습, 전문 인력에 의한 운영 등 기존의 서버 룸 체계와는 비교할 수 없이 선진적인 방식을 제공한다. 그러나 유휴 IT 자원의 발생, 자산의 신속한 조달과 유지보수 문제는 여전히 단점으로 남는다.

05

서버 가상화

클라우드가 도입되기 전에도 온프레미스의 단점을 극복하기 위한 노력이 있었다. 자원의 활용도를 높이기 위해서 가상화를 적용하거나, 공간을 절약하고 효율적인 관리를 위해 블레이드 서버를 도입하는 것이 대표적인 예라고 할 수 있다.

대용량 서버인 메인프레임에 적용한 가상화는 물리적으로는 하나의 서버지만, 논리적으로는 여러 대의 서버처럼 사용하는 방식이다. 메인프레임에 사용하는 CPU, 메모리, 스토리지 등의 자원을 나누어 여러 환경으로 구성하고, 각각의 환경마다 별도의 시스템을 운영하는 것이다. 예를 들어, CPU의 전체 성능이 1이면, 0.2는 A 회사, 0.3은 B 회사, 0.5는 C 회사에 할당하는 방식으로 전체 자원의 활용도를 높일 수 있다. 하지만 물리적으로는 같은 서버를 사용하기 때문에 하드웨어 장애나 특정 회사의 처리량이 증가하면, 해당 서버를 사용하는 모든 회사가 영향을 받는다는 문제가 있다.

기술 발전으로 서버는 계속 소형화되었다. 대용량 서버인 메인프레임 서버가 유닉스 서버로, 유닉스 서버가 리눅스나 윈도 서버로 전환되었다. 리눅스나 윈도가 설치·운영되는 하드웨어를 일반적으로 x86 서버라고 한다. x86 서버라는 명칭은 이 서버에 장착되는 CPU의 모델명이 인텔에서 개발한 CPU 시리즈인 386, 486, 586(펜티엄) 등이었기 때문이다. 새로운 CPU가 출시될 때마다 끝의 두 글자인 86은 그대로 사용하고 앞자리만 바뀌었기 때문에, 그냥 앞자리를 x로 표현하여 x86 서버라고 부르는 것이다. 물론 AMD 칩을 사용하는 서버도 있긴 하지만, 많은 사람이 습관적으로 x86이라고 부른다.

x86 서버에서는 주로 윈도 서버나 리눅스 운영체제를 선택하여 데이터베이스와 업무용 애플리케이션을 설치하여 운영한다. 규모가 큰 단일 애플리케이션은 Web 서버, WAS 서버, DB 서버 등 다양한 서버로 구성되며, 규모가 작을 때는 하나의 서버에서 여러 애플리케이션을 운영하기도 한다.

물리적으로 하나의 서버에서 여러 애플리케이션을 운영하면, 메인 프레임에서 발생했던 문제가 여전히 존재한다. 만약 해당 서버에 물리적인 장애가 발생하면, 그 서버에서 운영 중인 모든 애플리케이션을 사용할 수 없게 된다. 또한 특정 애플리케이션에 부하가 증가하면, 다른 애플리케이션에도 영향을 미쳐서 시스템 접속이 어렵거나 작업 처리 시간이 길어지는 문제가 발생한다. 이런 문제를 해결하기 위해 애플리케이션을 분산시켜 서버마다 하나의 애플리케이션만 배치하는 방법이 있다. 하지만 이 방식은 서버 구매 비용이 증가하며 애플리케이션 사용률이 낮으면, 유휴 자원이 생긴다는 단점이 있다.

그뿐 아니라 평상시에는 사용량이 적고 특정 시기에만 사용량이 증가하는 시스템을 사용하기 위해서는 여러 변수를 고려해야 한다. 특히 연말 정산 시스템과 같이 특정 시기에 사용량이 급증하는 시스템이라면, IT 자원을 충분히 확보해야 한다. 돈과 관련된 시스템은 사용자가 민감하게 반응할 수 있기 때문이다. 그러나 이러한 시스템은 평상시에는 거의 사용되지 않아서 서버는 대부분 유휴 상태를 유지한다. 특정 시기를 위해 대용량 서버를 구매했지만, 일상적인 사용량이 적다면 자원을 활용하는 측면에서는 효과적이지 않을 수 있다.

서버를 통합 구성하여 시너지를 극대화하면서도 장애 이슈를 해결하기 위해, 즉 자원을 효과적으로 활용하고 애플리케이션의 안정성을 높이기 위한 방법으로 서버 가상화 기술이 개발되었다. 서버 가상화는 여러 대의 x86 서버를 묶어 논리적으로 하나의 서버처럼 가상화한 후 여러 애플리케이션을 운영하는 방식이다. 복수의 서버로 가상화를 구축하면, 특정 애플리케이션에 부하가 몰려도 여러 대의 서버로 분산할 수 있으며, 특정 서버에 장애가 생겨도 다른 서버에서 장애가 생긴 서버의 임무를 대신 수행할 수 있다.

서버 가상화 기술의 하나로 하이퍼바이저Hypervisor가 있다. 하이퍼바이저는 호스트 컴퓨터로 여러 운영체제를 동시에 실행하는 프로그램으로 가상머신 모니터VMM로 불리기도 한다. 하이퍼바이저는 타입 1 베어메탈Bare Metal 하이퍼바이저와 타입 2 호스티드Hosted 하이퍼바이저로 나눌 수 있다. 타입 1은 호스트 하드웨어에 운영체제 없이 직접 하이퍼바이저를 설치하여 하드웨어를 통제하고 게스트 운영체제를 관리한다. 타입 2는 하이퍼바이저가 호스트 운영체제 위에 설치되어 게스트 운영체제와 애플리케이션을 관리한다.

하이퍼바이저의 장점은 가상 서버마다 운영체제를 선택할 수 있으며, 가상 서버들이 서로 완전히 분리되어 있어서 하나의 가상 환경에서 에러가 발생하거나 사이버 공격을 받더라도 다른 가상 환경에 영향을 미치지 않는다는 점이다. 또한 하드웨어와 독립적으로 구성되어 있어서 가상머신을 다른 서버로 이동하기도 쉽다. 그러나 가상 서버마다 OS를 설치해야 하므로 CPU, 메모리 등의 리소스가 상당히 필요하다는 단점도

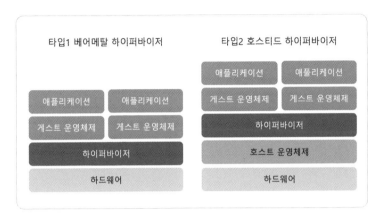

<그림 9> 서버 가상화 기술인 하이퍼바이저

있다.

가상화 서버가 구축되면, 자원 활용 계획을 수립하여 자원을 효과적으로 사용하도록 설정할 수 있다. 여기에는 애플리케이션의 자원 사용률이 특정 수치를 넘어가면 자동으로 다른 서버의 자원을 활용할 수 있게 하는 동적인 방식도 있고, 수동으로 또는 스케줄에 따라 자원을 할당하는 방식도 있다. 즉, 월말에 사용량이 늘어나는 애플리케이션, 월중에 활발히 사용되는 애플리케이션, 업무 시간이나 야간에 사용이 증가하는 애플리케이션 등을 구분하여 같은 자원을 최대한 효과적으로 활용하도록 설정할 수 있다.

현재는 가상화 기술이 일반적으로 사용되고 있지만, 이 기술이 도입될 당시에는 혁신적인 솔루션이라는 평가를 받았다. 서버가 계속 늘어남에 따라 물리적인 공간 이슈가 발생하고 하드웨어 장애가 여러 애플리케이션에 영향을 미치는 문제가 있었는데, 이러한 고민을 한꺼번에 해결해주는 것이 가상화 솔루션이었기 때문이다.

구분	타입 1	타입 2
설치 방식	OS 없이 하드웨어에 직접 설치	호스트 OS 위에 설치
특징	하드웨어를 직접 통제하므로 안정적	호스트 OS를 통해 CPU, 네트워크, 스토리지, 메모리 관리 용이
가속기	하드웨어 가속용 소프트웨어 필수	하드웨어 가속용 기술을 안 쓰는 추세
관련 소프트웨어	Citrix/Xen Server, VMWare ESXi, MS Hyper V	MS Virtual PC, Oracle Virtual Box, VMWare Workstation, VMWare Fusion
기타	기업용으로 많이 사용됨	개인용이나 테스트용으로 사용됨

〈표 1〉 하이퍼바이저 타입 1과 타입 2 비교

06

블레이드 서버

    가상화 솔루션의 도입으로 업무 지속성, 안정성, 효율성이 급격히 향상되었다. 서버 간 자원 공유를 통해 애플리케이션이 안정적으로 성능을 발휘할 뿐만 아니라, 장애가 발생하더라도 원활하게 대응할 수 있었다. 그러나 서버 대수가 늘어남에 따라 운영이 매우 복잡해지고 스토리지와 백업 등 다양한 요소도 고려해야 해서 운영자의 부담이 커지는 문제가 생겼다. 블레이드 서버가 바로 이러한 문제를 해결하는 새로운 대안이었다.

    칼의 '날'을 의미하는 블레이드라는 말에서 알 수 있듯이, 블레이드 서버는 기존 서버보다 작고 얇아서 같은 공간 안에 더 많은 서버를 적재할 수 있다. 가상화 솔루션도 일체형으로 구성되어 관리하기가 쉽고 스토리지와의 통합도 수월해 백업과 유지·보수에도 효율적이다. 예비 서버를 추가로 2대 구성하여 장애가 발생하더라도 여분의 서버가 서비스를 이어받아 중단 없이 운영되도록 구성되어 있다. 즉, 예비 서버에 문제가 생길 때를 대비해 서버를 1대 더 추가하여 예비 서버를 2대로 구성한 것이다. 따라서 예비 서버가 운영되는 동안 고장 난 서버를 새로운 서버로 교체할 수 있으므로 안정성도 매우 우수하다. 스토리지도 여러 대의 하드디스크로 구성하여 하나의 디스크에서 문제가 발생하더라도 손쉽게 복구할 수 있도록 설정된다. 다만 랙에 여러 대의 블레이드 서버가 장착되므로 열이 많이 발생하며 전력 소모량이 많고 해당 브랜드의 블레이드 서버만 사용해야 한다는 단점이 있다.

최근에는 블레이드 서버가 발전하여 하이퍼 컨버지드 인프라스트럭처Hyper-converged infrastructure, HCI라는 개념으로 재구성되어 시장에 출시되고 있다. 이는 하이퍼바이저 기반의 소프트웨어 정의 스토리지와 네트워킹 장비로 구성된 가상머신으로, 프라이빗 클라우드를 구축하는 용도로 많이 활용되고 있다. 서버만 가상화하는 것이 아니라 스토리지와 네트워킹 장비도 가상화하여 효율을 극대화한 것이다.

07

클라우드의 사업화

앞서 PC서버, 서버 룸, 데이터센터, 가상화, 블레이드 서버 등 다양한 주제에 관해 다소 상세하게 설명했다. 그럼에도 근본적인 질문이 하나 남는다. 클라우드 사업은 왜, 어떤 계기로 출발했을까?

클라우드 사업을 최초로 시작한 기업은 아마존 계열사인 AWS이다. 아마존은 쇼핑몰로 시작한 기업이다. 쇼핑몰을 운영하기 위해서는 필연적으로 IT 시스템이 필요하다. 사용자가 상품을 조회하고 주문하는 화면과 물류 시스템을 통한 상품 배송 등의 기능은 IT 시스템 없이는 불가능하다. 특히 아마존은 전 세계에서 주문이 이뤄지는 글로벌 비즈니스로 이를 지원하는 강력한 IT 인프라가 필수였다.

쇼핑몰은 특별한 이벤트나 할인 행사 때 평소보다 주문량이 많다. 이에 맞춰 쇼핑몰 기업들은 크리스마스, 졸업식, 블랙 프라이데이 등의 이벤트를 앞두고 기존 시스템의 성능 저하나 장애를 예방하기 위해 다양한 대비책을 마련한다. 예상되는 피크치와 시점, 장애 대응을 위한 여분의 인프라를 구성한다. 그러나 이러한 이벤트가 끝나면 여분의 인프라는 유휴 상태가 되며, 많은 투자를 했음에도 특정 시기 이외에는 자원이 남아돌아 투자 대비 효과가 떨어지는 문제가 발생한다.

이런 상황에서 남는 자원을 다른 기업에 판매하자는 아이디어가 등장했다. 아마존은 이렇게 쇼핑몰과 관련된 다양한 시스템을 운영하면서 얻은 노하우를 기반으로, 남는 자원과 경험을 사업으로 전환하여 AWS라는 회사를 설립하고 자신의 노하우를 서비스로 개발하여 판매하기 시작했다. AWS는 IaaS와 PaaS를 비롯한 다양한 서비스를 제공하는데, 이 서비스는 모두 아마존에 직접 적용한 기술을 다양하게 활용한 것이다.

클라우드 서비스의 등장으로 그동안 좁고 불안정한 서버 룸에서 씨름하던 중소 규모의 기업들, 비용 절감을 원하는 스타트업들, 그리고 신속한 실행이 필요한 게임사, 트랜잭션의 변동이 큰 쇼핑몰 등에서 클라우드를 적극적으로 도입하기 시작했다. 초기에는 망설이던 다른 기업들도 IT의 흐름이 클라우드로 향하는 것을 인식하고, 이에 대응하기 위해 AWS에 대항하여 클라우드 사업을 적극적으로 시작했다. 글로벌 차원에서는 MS, 구글, 오라클이 클라우드 서비스를 제공하며 서로 경쟁하고 있다. 국내에서는 네이버, KT, NHN이 클라우드 사업을 진행하며 활발한 경쟁을 펼치고 있다.

MS는 상대적으로 클라우드 사업을 늦게 시작한 편이다. 윈도와 MS오피스의 소프트웨어 라이선스 판매에 익숙해 있어서 클라우드 사업에 관심이 그다지 높지 않았던 것으로 보인다. 소프트웨어 라이선스 판매가 매우 안정적이었고 오랫동안 캐시 카우 역할을 하고 있어서 다른 형태의 사업으로 전환할 필요성을 크게 느끼지 못했을 것이다. 하지만 2014년에 사티아 나델라Satya Nadella가 MS의 새로운 CEO로 취임하면서 '클라우드 퍼스트, 모바일 퍼스트'라는 새로운 기치를 내걸었다.

클라우드는 MS에 큰 도전이었다. 클라우드를 사용하는 고객이 오픈 소스 방식의 서버나 데이터베이스 환경을 구독 방식으로 사용하면서 MS 운영체제와 데이터베이스 라이선스를 구매하는 수요가 줄었기 때문이다. 이런 문제를 극복하기 위해 MS도 오픈 소스 진영과 협업을 통해 클라우드 시장에 진출했다. 그리고 2023년 9월 19일, 오라클 클라우드 월드 행사에서 래리 엘리슨Larry Ellison 오라클 회장은 MS 애저에서 오라클 데이터베이스를 사용할 수 있다고 발표했다. 예전에는 MS와 오라클 간에 관계가 좋지 않았기 때문에 아무도 이런 협업의 날이 올 줄 예상하지 못했을 것이다.

구글도 클라우드 사업을 진행하고 있다. 유튜브 서비스를 전 세계에 안정적으로 제공해왔기 때문에 글로벌 네트워크와 인프라가 막강하다. G메일을 비롯한 다양한 웹 서비스, AI 역량, 그리고 우수한 개발 역량을 보유하고 있으며 다양한 분야의 전문가도 다수 보유하고 있다. 구글은 현재 B2C 사업뿐만 아니라 B2B 사업도 계속해서 보완하는 중이다.

오라클은 클라우드 사업에서 후발 주자였다. 하지만 〈그림 10〉의 가트너 매직 쿼드런트Gartner Magic Quadrant에 따르면, 2023년에 리더스 영역에 진입했다. 참고로 가트너 매직 쿼드런트는 비즈니스를 하는 서비스·솔루션 기업의 위치를 확인하는 데 유용하다. 가로축은 비전의 완성도를, 세로축은 실행력을 나타낸다. 오른쪽 위의 리더스에 있는 기업은 경쟁력이 높은 회사로 평가한다. 오라클은 2022년까지 오른쪽 아래의 비저너리 영역에 있었으나 적극적으로 클라우드 사업을 추진해 리더스 그룹에 올라섰다. 아무래도 오라클이 데이터베이스 분야에 강점이 있어서 클라우드에서도 이 부분을 적극적으로 어필한 결과로 보인다.

지금은 글로벌 클라우드 사업자가 대부분 국내에 리전Region을 두고 있다. 하지만 예전에는 국내에 데이터센터가 없어서

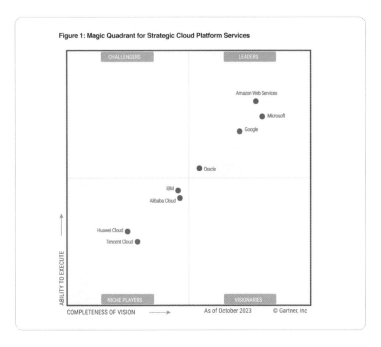

〈그림 10〉 가트너의 매직쿼드런트: 전략적인 클라우드 플랫폼 서비스

일본이나 싱가포르에 있는 데이터센터를 이용해야만 했다. 이로 인해 네트워크 속도가 느리다는 점과 국내 데이터를 해외 서버에 저장하는 문제가 이슈화되기도 했다.

금융, 공공, 방산 분야는 다양한 컴플라이언스Compliance 이슈로 글로벌 클라우드 사업자를 활용하기 어렵다는 특성이 있다. 이에 따라 네이버, KT, NHN과 같은 국내 클라우드 사업자가 해당 산업에 필요한 규정을 맞추면서 국내 시장에서 경쟁을 하고 있다. 아직은 글로벌 클라우드 사업자와 비교해 규모가 작지만, 국내 클라우드 사업자들도 적극적으로 클라우드 사업을 확장하고 있는 상황이다. 최근에는 공공 영역에서도 글로벌 클라우드 사업자에게 문호를 개방했기 때문에 향후 시장 동향이 어떻게 전개될지 귀추가 주목된다.

08

스케일 아웃과 스케일 업

스케일 아웃과 스케일 업은 클라우드에만 사용되는 개념이 아니다. 클라우드가 등장하기 이전부터 사용된 개념으로 지금은 거의 IT 시스템의 기본 개념처럼 사용되고 있다.

앞 장에서 가상화와 블레이드 서버를 설명하면서 서버 장애에 대응하기 위해 여분의 서버를 도입한다고 말했다. 예를 들어, 애플리케이션 운영에 필요한 서버가 6대라면, 2대를 여분으로 배치하여 서버를 총 8대로 구성한다. 6대 중 하나에 장애가 발생하면, 여분의 서버 2대가 역할을 대신 수행하도록 설계하는 것이다. 만약 애플리케이션이 증가하여 초기에 산정했던 용량(6대)보다 더 많은 자원이 필요하다면, 서버를 추가로 설치하면 된다. 이러한 확장 방식을 '스케일 아웃Scale Out'이라고 하는데, 규모를 밖으로 확장한다는 개념이다. 실제로 포털, 이메일, 기타 웹 서비스 등에서는 이러한 방식으로 2~3만 대의 서버를 큰 문제 없이 운영할 수 있다.

스케일 아웃의 장점은 애플리케이션이 작은 서버로 분산·구축되어 있어, 일부 서버에 장애가 발생하더라도 전체 서비스가 영향을 받지 않는다는 점이다. 서버에 문제가 발생하면, 해당 서버만 교체하면 되니 유지보수도 간단하고 각 서버의 하드디스크를 논리적으로 통합하여 하나의 큰 스토리지를 구성할 수도 있다.

서버 성능을 향상시키는 또 다른 방식으로 서버 자체의 성능을 강화하는 '스케일 업Scale Up'이 있다. 서버에 설치된 CPU, 메모리, 하드디스크가 애플리케이션을 운영하기에 부족하다고 판단되면, 해당 자원을 증설하는 방식이다. 스케일 업은 규모를 키워서 더 강력한 성능을 얻는 개념이다. 스케일 업은, 이론적으로 서버를 무한대로 확장할 수 있는 스케일 아웃과는 달리, 해당 서버의 물리적 증설에 필요한 공간(소켓 수 등)의 제약을 받는다. 즉, 서버에 CPU를 꽂을 수 있는 소켓의 개수 만큼만 CPU를 증설할 수 있다. 예를 들어, 서버에 CPU 소켓이 4개라면, CPU는 최대 4개까지만 증설할 수 있다.

클라우드를 사용하게 되면 운영체제는 주로 x86 아키텍처 기반의 하드웨어와 리눅스, 윈도 등을 사용한다. 그러나 특정 목적을 위해서 전문 하드웨어를 사용하는 때도 있다. 예를 들어, 오라클의 엑사데이타Exadata는 실시간 대용량 데이터 처리에 특화된 서버로, x86 서버가 아닌 별도의 전용 서버다. 이런 경우 스케일 아웃보다는 서버 자체의 용량을 증가시키는 스케일 업이 더 적합하다. 과거의 메인프레임이나 유닉스 서버에서는 주로 스케일 업이 이루어졌지만, 가상화가 일반화된 현재의 클라우드 시대에는 x86 기반의 스케일 아웃이 주가 되고 있다.

09

프라이빗 클라우드

클라우드는 외부 클라우드를 사용하느냐 자체 클라우드를 사용하느냐에 따라 퍼블릭 클라우드와 프라이빗 클라우드로 나눌 수 있다. 퍼블릭 클라우드는 클라우드 사업자가 제공하는 외부 클라우드를 사용하는 것을 말하며, 프라이빗 클라우드는 기업이 자체적으로 클라우드 환경을 구축하여 기업 내부에서만 사용하는 것으로, 클라우드에 대한 소유권이 기업에 있다.

기능 면으로 보면, 퍼블릭 클라우드가 막강한데 군이 프라이빗 클라우드를 따로 구축하는 이유가 뭘까? 그것은 기업의 상황에 따라 퍼블릭 클라우드를 사용하기 힘든 경우도 많기 때문이다. 예를 들어, 방산 기업이나 금융 기업 또는 보안이 중요한 제조 기업은 보안이나 기술적인 문제로 퍼블릭 클라우드를 사용하기 힘들 수 있다. 이럴 때는 보안 문제를 해결하면서 동시에 클라우드의 장점을 활용하기 위해 자체적으로 프라이빗 클라우드를 구축하기도 한다. 그뿐 아니라 사용자가 회사 내부 직원으로 한정되거나, 특별히 외부 클라우드를 사용할 필요가 없을 때, 복잡하거나 중요한 시스템이 아닌 비교적 단순한 애플리케이션을 구성하는 때에도 프라이빗 클라우드를 많이 구축한다.

최근에는 x86 서버와 OpenStack과 같은 오픈 소스 소프트웨어로 구성된 뉴타닉스사나 델사의 제품을 구매하여 더 쉽게 프라이빗 클라우드 환경을 구축할 수 있는데, 이러한 제품을 HCI라고 한다. HCI는 가상화와 블레이드 서버의 개념에 클라우드 개념을 반영하여 더 쉽게 서버 환경을 생성하고 관리할 수 있도록 구성되어 있다. 다시 말해 HCI는 서버, 스위치, 스토리지가 클러스터로 구성되어 있고, 물리적인 하드웨어들을 소프트웨어 정의 방식으로 가상화하고 그 위에 여러 가상 환경을 올려서 운영할 수 있게 한다. 그리고 서버, 스위치, 스토리지의 대수가 물리적으로 제한되어 있지만, 이들을 소프트웨어 방식으로 분할하여 마치 여러 대의 장비가 있는 것처럼 구성할 수 있다. 말 그대로 여러 개의 하드웨어를 높은 수준으로 융합하여 통합 인프라를 구성하고, 그 위에 클라우드 환경을 구성하는 방식이다. 이전에는 블레이드 서버로 인프라를 효과적으로 통합해서 자원을 효과적으로 사용할 수 있었지만, 지금은 HCI로 하드웨어를 가상화하여 더 높은 수준으로 서비스를 할 수 있다.

　프라이빗 클라우드는 자원을 동적으로 할당하여 시스템의 가용성을 향상하고 장애가 발생할 때 대응력을 높이는 가상화의 효과를 그대로 유지할 수 있는 장점이 있다. 하지만 프라이빗 클라우드가 장점만 있는 것은 아니다. 프라이빗 클라우드를 제대로 설정하고, 운영하고, 관리하는 것은 또 다른 문제다. 하드웨어와 OpenStack을 비롯한 오픈 소스에 대해서 잘 알아야 할 뿐 아니라 가상화, 자원 할당, 장애가 있을 때의 복구 방법 등 알아야 할 것이 많다. 따라서 프라이빗 클라우드를 운영하기 위해서는 한 사람이 모든 것을 다 알기가 쉽지 않고 야간이나 주말에 시스템에 문제가 발생할 때를 대비해야 하므로, 적어도 두 사람 이상의 전문가가 필요하다. 이런 이유로 필요한 전문 인력을 갖출 수 있는 조직이 아니라면, 프라이빗 클라우드를 운영하기가 쉽지 않다. 대기업 계열사들도 직접 운영하기 어려워서 IT 계열사가 프라이빗 클라우드를 구축해서 계열사에 서비스를 제공한다. 또한 프라이빗 클라우드에 빅데이터, AI 플랫폼을 직접 구성하기가 쉽지 않고 시스템을 계속 업그레이드 해야 하는데, 이를 위한 전문 인력을 확보하기가 쉽지 않다. 따라서 개별 기업이 프라이빗 클라우드를 구축해야 한다면, IaaS 중심의 프라이빗 클라우드를 구축하는 것이 현실적이다.

10

퍼블릭클라우드 - IaaS

IaaS는 Infrastructure as a Service의 약자로 인프라(서버, 스토리지, 네트워크 등)를 가상화된 형태로 제공하는 퍼블릭 클라우드 서비스다. 이때 사용되는 인프라는 클라우드 사업자의 자산으로 기업은 이것을 빌려서 사용한다. 즉, IaaS는 필요한 인프라를 기업이 직접 구매하지 않고 클라우드 사업자에게 사용료를 내고 필요한 만큼 사용하는 서비스다.

애플리케이션을 구축하는 과정에서 필요한 자원은 Web 서버, WAS 서버, DB 서버, 네트워크 장비, 소프트웨어 등이 있다. 과거에는 이러한 장비를 직접 구매하고, 서버 룸이나 데이터센터에 입고하여 조립하고, 소프트웨어를 설치하는 데 시간과 비용이 많이 들었다. 초기에 필요한 자원을 예측하여 구매하다 보면, 예상보다 많은 용량이 산정되고 그에 맞는 자원을 구매하다 보니 비용이 증가하는 문제가 있었다. 노후화된 하드웨어와 소프트웨어 유지보수도 문제였다. 조직의 규모가 크고 숙련된 IT 전문가를 보유하고 있다면, 하드웨어와 소프트웨어를 꼼꼼히 관리하는 것이 별문제가 아니지만, 기술 인력을 확보하기가 쉽지 않은 상황에서는 문제가 될 수밖에 없다.

이런 상황에서 애플리케이션을 위한 인프라를 신속히 구축하고 관리할 수 있도록 개발한 것이 IaaS다. IaaS를 이용하면 클라우드의 관리용 화면에서 몇 분 내에 원하는 인프라 환경을 구성할 수 있으며, 인프라의 납기나 데이터센터 입고와 같은 이슈를 걱정할 필요가 없다. 또한 클라우드 사업자가 하드웨어 노후화나 유지보수를 책임지기 때문에 운영 부담이 크게 줄어든다. 월 사용료는 자원 사용량에 따라 지급하며, 환경을 쉽게 구성할 수 있고, 필요에 따라 닫을 수 있으며, 애플리케이션 사용량이 증가하면 자동으로 인프라를 증설해주는 오토 스케일링auto scaling 기능도 제공되는 장점이 있다.

처음에는 IaaS를 온프레미스 서버와 같은 구성을 클라우드에서 그대로 구성하는 것으로 오해했지만, 클라우드에서 제공하는 서버나 데이터베이스 환경을 손쉽게 활용할 수 있게 되면서, IaaS가 기존의 온프레미스와는 전혀 다른 혁신적인 서비스

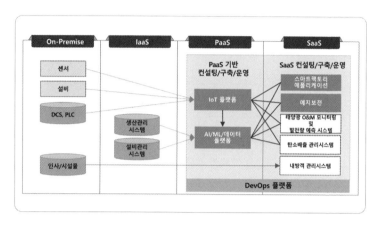

〈그림 11〉 클라우드 서비스의 종류

라는 것을 알게 되었다. IaaS는 Web, WAS, DB 서버를 구축하는 데 걸리는 시간을 수개월에서 단 10분으로 단축하며, 서비스 준비 시간을 크게 줄이고, 사전에 다양한 테스트를 수행하면서 발생하는 리스크를 예방할 수 있다.

이처럼 신속한 인프라 구성은 IaCInfrastructure as Code를 통해서 이루어진다. IaC는 인프라를 코드로 제어하는 개념이다. 즉, 제어창에서 명령어 코드를 사용하여 필요한 인프라 환경을 만들고 닫고 조정한다는 접근 방식으로, 기존의 인프라 구성 방식과는 전혀 다른 방식이다.

11

퍼블릭 클라우드 - PaaS

PaaS는 Platform as a Service의 약자로 애플리케이션을 구축하고 실행하고 관리하는데 필요한 플랫폼을 제공하는 퍼블릭 클라우드 서비스다.

PaaS를 좀 더 쉽게 이해하기 위해 플랫폼과 솔루션의 의미를 생각해 보자. 우리는 전철이나 기차를 탈 때 플랫폼이라는 용어를 자주 접한다. 이때의 플랫폼은 여러 종류의 전철이나 기차가 공동으로 사용하며, 따라서 이들이 함께 사용할 수 있도록 표준화되어 있다. 규격이나 표준을 준수하면, 어떤 기차나 전철이라도 플랫폼을 사용할 수 있다.

솔루션이라는 용어에는 문제를 해결해주는 개념이 포함되

어 있다. 저렴한 가격의 기차를 원하는 고객에게는 비둘기호가 솔루션이 될 것이다. 물류 측면에서는 화물열차가 솔루션이 되고, 빠른 도착을 원하는 고객에게는 KTX가 솔루션이 된다. 한마디로 플랫폼은 자주 사용되는 것을 표준화하여 효과와 효율성을 높이는 데 사용되며, 솔루션은 특정 목적을 달성하기 위한 해결책이라고 볼 수 있다.

클라우드에서 많이 사용되는 플랫폼에는 IoT와 빅데이터, 머신러닝 플랫폼 등이 있다. IoT 플랫폼은 설비나 센서에서 데이터를 수집하여 클라우드의 데이터베이스나 저장소로 전송하는 역할을 한다. IoT 플랫폼에는 데이터의 연동, 전송, 저장, 분석 기능이 구현되어 있어서 IoT 플랫폼을 이용하면, 짧은 시간에 데이터를 수집하고 분석할 수 있는 환경을 구축할 수 있다. 그리고 필요한 서비스를 선택하여 구성하기 때문에 기존과는 비교할 수 없는 속도로 빠르게 개발 환경과 운영 환경을 설정할 수 있다.

하지만 클라우드 기반의 IoT 플랫폼이 없던 시기에는 기업이 자체적으로 데이터를 수집, 전송, 저장하기 위한 시스템을 따로 구축하거나 개발해야 했다. 데이터 소스가 다양하고 데이터양도 많아서 적절한 외부 솔루션을 도입하거나 자체 개발하기가 쉽지 않았다. 시스템을 구축한 다음에는 업그레이드나 운영에도 어려움이 많았다.

AI와 머신러닝 플랫폼도 마찬가지였다. 수집된 데이터를 저장하고, 학습을 통해 모델링하고, 모델 성능을 측정하여 실제 환경에 적용하는 작업은 일일이 수작업으로 할 수밖에 없었다. 이를 해결하기 위해 별도의 플랫폼을 구축하거나 개발하려면 상당한 자원을 투입해야만 했다.

이런 문제를 해결하는 대안으로 클라우드 사업자에 의해 개발된 서비스가 PaaS다. 클라우드 사업자는 다양한 기업의 요구 사항을 수집하고 분석하여 표준 플랫폼으로 개발하고 이를 클라우드에서 서비스로 제공한다. 따라서 PaaS를 이용하면, 기업은 클라우드 플랫폼의 표준에 따라 데이터를 연결하고, 전송하고, 저장하고, 분석함으로써 핵심 의사결정에 집중할 수 있다.

PaaS는 IT 서비스 회사나 MSPManaged Service Provider, 클라우드 서비스 관리회사에도 유용한 사업 기회를 제공한다. 클라우드 사업자가 표준화된 플랫폼을 효과적으로 구축하여 서비스 형태로 제공하더라도 이를 제대로 활용하려면, 기업이 플랫폼을 잘 이해해야 한다. 그리고 플랫폼을 구축하고 개발할 수 있는 역량도 있어야 한다. 하지만 기업이 이러한 역량을 제대로 갖추기가 어렵기 때문에, IT 서비스 회사나 MSP는 클라우드 플랫폼을 활용하여 기업에 이러한 서비스를 제공하는 새로운 사업 모델을 기획할 수 있다. 인프라 사용 수수료만 받는 단순한 비즈니스 모델이 아니라, 클라우드 사업자의 플랫폼을 사업의 도구로 적극적으로 활용하는 것이다. 이는 ERP 구축 회사들이 ERP라는 타사의 툴을 활용하여 사업을 하는 것과 유사한 개념으로, PaaS를 원하는 고객에게 컨설팅, 구축, 운영 서비스를 제공함으로써 새로운 가치를 창출하는 것이다.

IaaS가 시스템 환경을 손쉽게 구축하는 혁신을 가져왔다면, PaaS는 그 위에서 다양한 플랫폼을 활용하여 과제를 수행하는 도구를 제공함으로써 IaaS와는 다른 형태의 혁신을 가져왔다. 또한 PaaS 플랫폼은 나름의 기술과 경험의 장벽이 있으므로 기술 기업에는 새로운 비즈니스 모델을 구축할 수 있는 좋은 도구가 될 수 있다.

12

퍼블릭 클라우드 - SaaS

SasS 개념 이해하기

SaaS는 Software as a Service의 약자로 소프트웨어를 제공하는 퍼블릭 클라우드 서비스 모델이다.

필자가 경험한 바에 따르면, 기업이 클라우드를 사용할 때는 인프라를 빠르고 쉽게 구현하는 IaaS, 필요한 플랫폼을 서비스로 활용하는 PaaS, 그리고 이미 완성된 소프트웨어를 서비스 형태로 사용하는 SaaS 순서로 적용하는 경향이 있다. 최근에는 'as a service'라는 표현을 자주 접하는데, AIaaSAI as a Service처럼 AI를 서비스로 제공하는 사례도 증가하고 있다.

과거에는 소프트웨어를 사용하려면 주로 패키지 소프트웨

어, 즉 플로피 디스크나 CD, DVD 형태로 제공되는 MS윈도, MS오피스, 아래아 한글 등을 구매해서 직접 PC에 설치했다. 그리고 나서 이를 사용하다 업데이트해야 하거나 새 버전이 나오면, 그때마다 플로피 디스크와 CD, DVD를 이용해 수동으로 업그레이드하곤 했다. 그러나 인터넷이 보편화되면서 웹사이트에서 업데이트 파일이나 새 버전을 다운로드하여 설치할 수 있게 됨으로써 이전보다 업그레이드 효율성이 높아지게 되었다. 덕분에 소프트웨어 제조사도 인터넷을 통해 버그 패치본을 신속하게 배포할 수 있었다.

하지만 이 과정에서 그동안 느끼지 못한 패키지 소프트웨어 방식의 몇 가지 단점이 드러났다. 개인 소비자에게는 새로운 버전이 나올 때마다 큰돈을 지불하고 새로 구매해야 한다는 부담이 따랐고, 지속적인 업그레이드 비용은 무거운 짐으로 다가왔다. 기업도 소프트웨어 투자의사 결정을 하기가 쉽지 않았다. 기존 버전을 계속 사용하면, 보안이 취약해질 수 있고 새로운 기능을 활용하기가 힘들었다. 만에 하나 기존 버전에 대한 지원이 중단되면 더는 유지보수를 받을 수도 없었다. 소프트웨어 회사도 매출이 불안정하고 매출을 예측하기도 어려웠다. 신규 매출은 새로운 버전을 출시해야만 기대할 수 있는데, 구버전과 신버전 사이의 출시 간격이 길어지면, 신규 매출 기회가 감소할 수밖에 없었다. 새로운 버전이 실패할 리스크도 존재했다. 신규 기능에 대한 만족도, 기존 버전과의 차이, 경쟁사와의 비교 등이 새로운 버전의 성공에 영향을 미쳤다. 만약 신버전이 실패하면, 회사는 큰 타격을 입을 우려도 있었다.

이러한 문제를 해결하기 위한 대안으로 구독 서비스가 등장했다. 구독은 서비스 렌탈 모델로, 정수기나 인덕션 렌탈 서비스처럼 매월 사용료를 지급하면서 정기적인 점검을 받는 서비스다. 이를 소프트웨어에 적용한 것이 'SaaS'다. 고객은 소프트웨어를 구독하고 매월 일정 금액을 지급하면서 업데이트와 지원 서비스를 이용할 수 있다.

대표적인 SaaS는 세일즈포스다. 세일즈포스는 고객을 발굴하고, 사업 기회를 등록하며, 다양한 영업활동과 견적, 계약, 매출 관리 등의 프로세스를 산업이나 회사와 관계없이 사용할 수 있는 SaaS를 제공한다. 사용자는 소프트웨어를 직접 구축하거나 업그레이드할 필요가 없다. 이를 모두 세일즈포스가 담당한다.

개인적으로 세일즈포스를 처음 접한 시기는 2000년대 초반이다. 당시에는 이런 형태의 소프트웨어가 성공할 수 있을지 의문이 들었다. 왜냐하면 많은 기업이 ERP를 비롯한 여러 시스템을 자체적으로 구축하고 데이터를 자사 내부에 보관했는데, 세일즈포스는 데이터도 외부에 저장되고 커스터마이징에 제약이 많은 구조였기 때문이다. 하지만 필자의 예상과는 다르게 많은 기업이 SaaS를 이용하기 시작했다.

많은 기업이 이렇게 SaaS를 이용하게 된 이유가 무엇일까? 시스템을 직접 구축하고 온프레미스로 운영해도 되는데 군이 매달 사용료를 내면서 SaaS를 이용하는 이유가 무엇일까?

첫째, 기업이 시스템을 구축하려면 업무를 분석하고, 설계하고, 개발하고, 시험 운영을 해야 하는데, 이때 각 과정에서 상당한 용역비가 들어간다. 게다가 시스템을 운영하기 위해 하드웨어와 소프트웨어에 많은 투자가 필요하며, 시스템 유지보수도 간단한 작업이 아니다.

둘째, 계속 변화하는 비즈니스 환경에 맞추어 주기적으로 시스템을 개선해야 하는데, 이렇게 하려면 상당한 추가 자원을 투입해야 한다. 대기업은 가능하겠지만, 일반 기업은 이런 투자를 지속하기가 쉽지 않다.

셋째, 시스템의 수준은 시스템 개발 프로젝트에 참여하는 인력의 능력에 따라 편차가 클 수밖에 없다. 하지만 최고의 현업 인력을 프로젝트에 참여시키기가 쉽지 않아서 시스템의 결과 수준을 장담하기가 어렵다.

이런 이유로 시스템을 자체적으로 구축하는데 필요한 자원이 부족하다면, SaaS를 활용하는 것이 더 유리하다. 게다가 SaaS에는 글로벌 스탠다드의 철학과 프로세스가 녹아 있어서 시스템 구축에 들어가는 비용과 시간을 절약할 수 있고, 서비스 제공업체가 지속해서 시스템을 업데이트하고 개선하기 때문에 항상 최신 시스템을 사용할 수 있다. 우리는 클라우드 기반의 데이터 분석 플랫폼인 데이터브릭스DataBricks를 사용하는데, 팀원들이 데이터브릭스의 신속한 기능 업데이트에 감탄하는 모습을 종종 볼 수 있다.

그뿐 아니라 SaaS를 활용하면 글로벌 기업의 우수한 업무 프로세스를 배울 수도 있다. 예를 들어, SaaS 솔루션인 세일즈포스는 산업별 영업 전문가들과 협력하여 업무 프로세스를 지속해서 고도화함으로써 글로벌 수준의 영업 프로세스를 제공한다. 비록 세일즈포스가 국내 사정과 완전히 부합하지 않지만, 세일즈포스를 사용하는 회사에는 글로벌 수준의 영업 프로세스를 간접적으로 경험하면서 자신의 영업 수준을 향상시키는 기회가 될 수 있다.

이렇게 SaaS가 여러모로 장점이 많지만, 다음과 같은 단점도 있다.

첫째, 커스터마이징에 제약이 있다. 각 산업은 독특한 영업 스타일이 있고 연동해야 하는 다양한 시스템이 존재하는데, 아무리 유연한 구조로 SaaS를 개발해도 한계가 있을 수 있다. 둘째, 가격이 저렴한지를 평가해 봐야 한다. 3년이나 5년 동안의 총소유비용TCO을 고려한다면, 때에 따라서는 자체 구축이 더 나을 수도 있다.

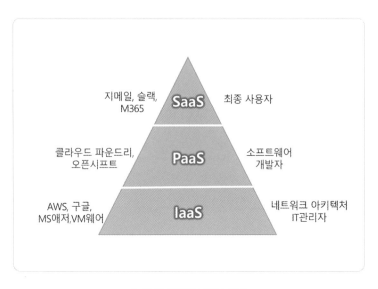

〈그림 12〉 클라우드 서비스 모델

셋째, 보안 문제가 있다. 여러 국가에서는 자국에서 생성된 데이터가 외국에 저장되는 것을 제한하는 경향이 있어, 한국에 해당 SaaS의 데이터가 저장되는 인프라가 없다면, 그 SaaS는 회사의 보안 정책상 사용이 불가능할 수도 있다.

시스템을 자체적으로 구축하는 것보다 SaaS를 이용하는 것이 더 좋다고 일반화하여 말할 수는 없다. 각 기업의 환경과 요구에 따라 최적의 선택이 다르기 때문이다. 그러나 분명한 것은 이전보다 훨씬 많은 기업이 SaaS를 이용하고 있다는 사실이다. 과거에는 시스템을 어떻게 개발할지, 하드웨어와 소프트웨어 그리고 인력을 어떻게 구성할지에 관한 고민이 우선이었지만, 지금은 시스템을 직접 개발하는 것이 좋을지, 아니면 SaaS를 사용할지로 고민의 중심이 이동하고 있다. 기존의 패키지형 소프트웨어나 구축형 솔루션도 SaaS 서비스로의 전환을 진행 중이며, 미래에도 이러한 트렌드가 더욱 강화될 것으로 보인다.

SaaS와 렌탈 서비스

SaaS와 렌탈 서비스는 무엇이 다를까?

이를 위해 SaaS를 정수기 렌탈 서비스와 비교해 보자. 〈표2〉는 정수기 렌탈 서비스와 SaaS를 비교한 표이다. 이 표를 보면, 둘 사이의 차이점을 명확히 이해할 수 있다. 정수기 렌탈 서비스는 일반적으로 렌탈 회사가 제조사로부터 제품을 구매하여 사용자에게 1~5년 동안 임대하고 그 대가로 월 사용료를 받는 서비스 모델이다. 비유하자면 '정수기 as a Service'라고도 할 수 있겠지만, 일반적으로는 그냥 렌탈 서비스로 불린다.

렌탈 서비스의 대상은 주로 실체가 있는 물리적인 제품이다. 렌탈 서비스는 특별한 이유가 없는 한 계약 기간 동안 같은 장비를 계속 사용해야 한다. 렌탈 기간이 끝나면, 제품을 반납할 수도 있고 소유권을 이전받아 계속 사용할 수도 있다. 소유권을 이전받아 사용할 때는 렌탈 서비스를 더는 이용하지 않는

예가 많다. 렌탈 서비스 제품은 대개 가격이 높고 렌탈 기간이
길다. 그래서 렌탈 기간이 지나면, 제품이 노후화되고 새로운
제품이 출시되기 때문에 소유권을 포기하고 다시 렌탈 계약을
하는 예도 많다.

구분	정수기 렌탈 서비스	SaaS
소유권	렌탈 회사	소프트웨어 개발사
제품/서비스 확보 방식	정수기 회사에서 구매	소프트웨어 개발사가 직접 개발
제품/서비스 형태	하드웨어	소프트웨어
비용	년/장기 단위	월/년/장기 계약 등 다양
기능 업그레이드	계약 기간에는 같은 장비	지속적인 소프트웨어 업그레이드
계약 만료 시	장비 반납 or 사용자에게 소유권 이전	라이선스 소유권 이전 없이 서비스 종료
연장 계약 시	신규 장비 재계약	지속적 사용
사용 기간 서비스	정수기 정기 점검/청소 서비스 등	기능 개선, 시스템 가용성, 보안, 백업 등

〈표2〉 렌탈 서비스와 SaaS 비교

그럼에도 소비자가 렌탈 서비스를 선택하는 이유는 무엇일
까? 목돈 부담을 줄일 수 있고, 계약 기간 중에 렌탈 회사가 제
품을 관리해주는 편리함을 누릴 수 있으며, 재계약을 하면 새
로운 제품을 사용할 수 있기 때문이다. 하지만 렌탈 서비스의

주요 대상은 하드웨어 제품이기 때문에 제품 업그레이드에는 제약이 많다. 계약 기간에는 특별한 일이 없는 한 해당 제품을 계속 사용해야 한다. 정기 점검을 통해 고장 여부를 점검하고 필요하다면 수리를 하지만, 소프트웨어처럼 대규모 업데이트나 업그레이드를 하는 예는 거의 없다.

이러한 렌탈 서비스와 다르게 SaaS는 소프트웨어 개발사가 직접 시스템을 개발하고, 인터넷을 통해 여러 고객이 동시에 접속하여 시스템을 사용하는 방식으로 서비스가 제공된다. 렌탈 서비스는 각각의 제품을 개별 고객에게 설치하는 반면, SaaS는 여러 고객이 공통된 자원을 활용하며 함께 사용한다. 즉, 약간의 세부적인 차이는 있을 수 있지만, 여러 고객이 같은 시스템을 사용하는 서비스 모델이다.

소프트웨어는 하드웨어와 달리 지속적인 업데이트가 가능하므로, 계약 기간에 소프트웨어의 성능 개선과 오류 수정이 지속해서 이루어진다. 이를 통해 고객은 언제나 최신 버전의 소프트웨어를 이용할 수 있다. 또한 라이선스는 소유하지 않고 서비스만을 이용하는 방식이기 때문에, 서비스 이용 계약이 만료되어 연장 계약을 하지 않으면 서비스가 종료된다. 그리고 최초 계약이든 연장 계약이든, 사용 기간을 약정하면 사용료를 할인받을 수 있다. 물론 언제든지 중단할 수 있는 옵션도 있지만, 1년, 2년, 3년 또는 그 이상의 장기 계약으로 가면 약정 할

인이 적용된다. 소프트웨어 개발사는 사용 중에도 계속해서 기능을 개선하고 업데이트를 진행하면서, 시스템 가용성과 성능뿐만 아니라 보안, 장애 처리, 백업 등 다양한 기본 서비스를 제공한다.

요약하자면, SaaS는 많은 비용을 들여 시스템을 구축하고 매년 유지보수 비용을 부담하기보다는 월 사용료 개념으로 부담을 줄이려는데 목적이 있다. 즉, SaaS 제공업체가 인프라 관리부터 애플리케이션까지 모든 관리를 하므로 시스템을 유지하고 보수하는 부담이 사라진다는 장점이 있다. 또한 SaaS 개발업체가 애플리케이션을 개발하는 과정에서 관련 산업의 우수한 업무 프로세스를 시스템에 반영하기 때문에, SaaS를 이용하면서 선진 업무 프로세스를 습득할 좋은 기회가 되기도 한다.

SaaS 유형 매트릭스

예전에 SaaS 사업을 계획하면서 어떤 애플리케이션을 SaaS로 전환해야 할지 무척 고민한 적이 있었다. SaaS를 구축하려고 결정했지만, 막상 어떤 시스템을 SaaS로 전환해야 할지를 판단하기가 쉽지 않았다. SaaS에 적합한 애플리케이션을 판단하는 기준이 모호하고 참고 자료를 찾기도 어려웠다. 그래서 그 기준을 마련하기 위해 〈그림 13〉과 같은 'SaaS 유형 매트릭스'를 고안하여 우리 나름의 판단 기준으로 활용했다. (물론 이 매트릭스는 어디까지나 참고용일 뿐이다.)

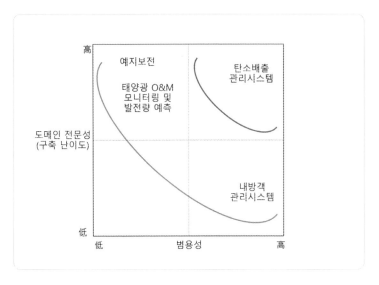

〈그림 13〉 SaaS 유형 매트릭스

'SaaS 유형 매트릭스'는 두 가지 축으로 구성되어 있다.

가로축은 범용성, 즉 시장에 얼마나 보편적으로 적용 가능한지를 나타낸다. 세로축은 애플리케이션의 도메인 전문성, 즉 해당 산업이나 업무에 관해 어느 정도 이해가 필요한지를 나타내는 것으로 도메인 전문성 수준이 시스템 구축 난이도와 밀접한 관련이 있다는 점을 반영한 것이다. 이렇게 범용성과 도메인 전문성을 기준으로 분석하면, SaaS로 전환하기 적합한 애플리케이션을 큰 틀에서 거를 수 있어서 SaaS와 그 대상을 선정할 때 도움이 된다.

예를 들어, '내방객 관리시스템'은 외부에서 방문객이 예약하고 출입할 때 사용하는 시스템으로 회사, 공장, 빌딩, 공공기관 등에서 널리 필요로 하는 범용성이 높은 시스템이다. 그러나 시스템 자체의 중요도가 높지 않아서 수작업으로 관리하는 곳이 많다. 개발을 진행하더라도 전담 인력을 할당하기 어려울 때가 많아서 시스템을 계속해서 현대화하거나 업데이트하기가 어렵다. 이러한 상황에서 누군가 SaaS 방식의 서비스를 저렴한 비용으로 제공하고 운영하면서 지속해서 업데이트를 담당한다면, 업무 효율화를 위해 SaaS를 도입할 동기가 될 수 있을 것이다.

특히 도메인 전문성이 높은 시스템을 개별 회사가 구축하기는 쉽지 않다. 도메인을 잘 아는 IT 전문가를 구하기가 어렵고, 시스템을 개발하는 프로젝트 수행과 운영에도 리스크가 크기 때문이다. 따라서 애플리케이션의 범용성과 도메인 전문성이 높고 IT 업체의 역량이 뒷받침된다면, 그 서비스는 SaaS 시장에서 경쟁력을 갖출 수 있다. 가령 설비 예지보전은 도메인 전문성이 높아서 개별 회사에서 자체적으로 개발하기 어려운 분야다. 또한 설비나 공정이 변경되거나 대상 설비가 추가될 때마다 전문가를 찾아서 별도 프로젝트를 진행해야 하는 어려움이 있다. 따라서 전문가 집단이 상시로 예지보전 모델의 정확도를 향상하고 새로운 설비에 맞는 모델을 추가하면서 전문적인 운영 서비스를 제공한다면, 이 SaaS는 매력적인 선택지가 될 것이다.

SaaS의 테넌트(Tenant) 격리 모델

SaaS는 기존의 애플리케이션 서비스 제공자ASP와 구별되는 몇 가지 특징이 있다.

첫째, 테넌트가 명확하게 분리되어야 한다. 여기서 테넌트는 '임차인'이나 '세입자'로 번역되는데, SaaS를 이용하는 사용자로 이해하면 된다.

둘째, 같은 프로그램 소스를 사용해야 한다.

셋째, 과금 체계가 구축되어 있어야 한다.

하나의 애플리케이션을 아파트에 비유해 보면, 애플리케이션을 사용하는 고객은 아파트에 거주하는 입주민, 즉 테넌트라고 할 수 있다. 마치 일상생활에서 입주민이 층간 소음이나 충돌 없이 조화롭게 지내는 것이 중요하듯이, SaaS에서도 테넌트가 서로 충돌하지 않도록 잘 분리하는 것이 매우 중요하다.

이러한 SaaS의 테넌트 격리 모델에는 사일로Silo 방식, 풀Pool 방식, 하이브리드Hybrid 방식이 있다. 용어만 보면 이해하기 어려울 수 있지만, 주택을 생각하면 쉽게 이해할 수 있다.

사일로 방식은 고급 단독 주택과 유사하다. 고급 단독 주택은 다른 주택과 분리되어 독채로 존재하며 독립적으로 거주할 수 있다. 마음만 먹으면 주변의 이웃과 교류하지 않고 서로 영향받지 않으면서 살아갈 수 있다. SaaS에서는 이러한 방식을 사일로라고 한다. 조직 구조가 사일로화 되어 서로 정보 공유와 인적 교류가 안 된다는 이야기를 들어본 적이 있을 텐데 같은 개념이라고 보면 된다.

풀 방식은 공동의 장소를 상상하면 된다. 간단한 예로 아파트를 생각해 보자. 아파트는 여러 세대가 공동의 자원을 공유하는 주택 형태다. 고급 단독 주택에 비해 저렴하고 규모의 경제에서 오는 편리함이 있지만, 다수 세대가 공동생활을 하면서 발생하는 불편한 점도 있다. 어떤 세대에서 공사를 하거나 많은 사람이 갑자기 방문하여 크게 떠들면, 소음으로 다른 세대에 불편을 끼칠 수 있다. 풀 방식도 마찬가지다. 어떤 특정 테넌트의 트래픽이 급증하면, 이로 인해 다른 테넌트의 업무 처리가 늦어지거나 영향을 받을 수 있다. 이런 현상을 '시끄러운 이웃Noisy Neighbor'이라고 표현하기도 하는데, 이는 풀 방식의 단점이기도 하다.

하이브리드 방식은 사일로 방식과 풀 방식을 결합한 모델이다. 이를 현실에서 직접 찾기는 어렵지만, 아파트 단지 내에 고급 단독 주택이 공존하는 형태를 상상해 보면 이해하기 쉽다. 예를 들어, 아이가 많아서 층간 소음이 걱정되거나 아파트의 밀폐된 환경이 싫지만, 보안, 주차, 놀이터, 학교, 공원 등 아파트에서 누릴 수 있는 편리함을 원하는 세대는 아파트 단지 내의 단독 주택에 입주할 수 있다. 경제적 여력이 부족하여 고급 단독 주택에 사는 것이 부담될 때 아파트 안에 있는 단독 주택에 입주하면, 아파트와 단독 주택의 장점을 함께 누릴 수 있기 때문이다.

〈그림 14〉에서 왼쪽 그림은 사일로 방식으로 고객 A, B, C는 각자 독립적인 클라우드 자원을 할당받아 서비스를 운영하고 있다. 이들 고객이 내부적으로 사용하는 기능도 각자 독립적으로 운영되며, 서로 영향을 주지 않는 구조다. A 고객에게 많은

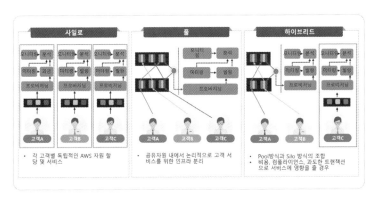

〈그림 14〉 SaaS의 테넌트 격리 모델

트래픽이 몰려오거나 장애가 발생하더라도 B와 C는 전혀 영향을 받지 않는다.

〈그림 14〉의 가운데 있는 그림은 풀 방식으로 고객 A, B, C가 같은 인프라와 기능을 공유한다. 공유 자원은 논리적으로 분리되어 고객 서비스가 이루어진다. 그림을 자세히 살펴보면, 같은 기능을 하는 논리적인 부분이 서로 다른 색상으로 구분되어 있다. 이는 하나의 소스 내에서 A, B, C 각각의 고객사 요구에 맞는 기능을 활용하거나, 각각의 회사를 위한 별도의 기능을 사용한다고 생각할 수 있다.

〈그림 14〉의 오른쪽 그림은 하이브리드 방식으로 풀 방식과 사일로 방식이 함께 사용되는 구조다. 고객 A와 B가 풀 방식을 사용하고, 고객 C는 사일로 방식을 사용한다. A와 B는 공유 자원을 활용하지만, 고객 C는 독립적인 자원을 사용하는 것이다. 비용이나 컴플라이언스 이슈를 고려하여 사일로, 풀, 또는 하이브리드 방식을 선택하면 된다.

애플리케이션 서비스를 위한 SaaS와 테넌트 격리 모델 매트릭스

SaaS로 개발할 애플리케이션을 선정한 다음에는 SaaS 테넌트 격리 모델을 정해야 한다. 그러나 실제로 애플리케이션의 격리 모델을 사일로 방식으로 할지, 풀 방식으로 할지, 아니면 하이브리드 방식으로 할지를 결정하기는 쉽지 않다. 이는 마치 단독 주택을 지을지, 아파트를 지을지, 아니면 둘을 결합하여 함께 지을지를 선택하는 것과 유사하다. 격리 모델 유형을 선택할 때 어떤 기준으로 판단해야 할지를 결정하기가 어려워 우리는 자체적으로 〈그림 15〉와 같은 'SaaS 테넌트 격리 모델 매트릭스'를 작성하고 활용했다. (이는 어디까지나 우리 내부에서 정한 기준이기 때문에 참고만 하는 것이 좋다.)

이 격리 모델 매트릭스의 가로축은 트랜잭션 양 또는 고객 등급 수준을 보여준다. 간단히 설명하자면, 거주자 수나 프리미엄 고객의 여부와 관련이 있다. 세로축은 보안 및 컴플라이언스의 중요도를 나타낸다. 이는 출입이 통제된 단독 주택에 거주하는 것과 비슷한 맥락으로, 보안과 개인 정보 보호의 중요성을 의미한다.

보안과 컴플라이언스의 중요도가 높고 트랜잭션 수가 많아 다른 고객과의 상호작용을 피하려면, 별도의 환경을 구축하는 사일로 방식을 권한다. 이는 애플리케이션 환경을 독립적으로 설정하게 되지만, 그에 따른 비용이 증가한다. 예를 들어, 예지 보전 시스템은 공장의 설비 데이터를 수집하여 고장을 예측하는 역할을 한다. 이러한 공정 데이터는 일반적으로 보안이 매우 중요하기 때문에 다른 회사와 인프라를 함께 사용하는 데 매우 민감하다. 또한 인프라를 공유하면, 설비에서 전송되는

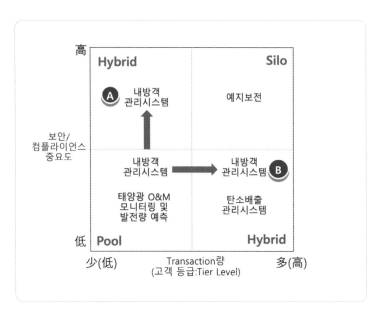

〈그림 15〉 SaaS 테넌트 격리 모델 매트릭스

데이터의 실시간 트랜잭션 수가 많아서 타사의 애플리케이션 성능에 영향을 미칠 수 있다. 따라서 이때는 사일로 방식을 선택하는 것이 좋다.

반면 보안과 컴플라이언스의 중요도가 낮고 트랜잭션 수가 적으면, 풀 방식을 선택하는 것이 좋다. 인프라나 애플리케이션의 주요 구성 요소를 모두 공유하면서 가격은 사일로보다 상대적으로 저렴하다. 하지만 다른 고객의 예상치 못한 트랜잭션 증가에 영향을 받을 수 있으며, 해당 고객사의 특수한 요구 사항을 반영하기 어려울 수도 있다. 우리는 '태양광 O&M 모니터링 및 발전량 예측'의 테넌트 격리 모델을 결정할 때, 트랜잭션 수가 적고 보안 중요도가 낮아서 풀 방식을 선택했다.

하이브리드 모델은 사일로와 풀을 결합한 형태다. 기본적으로 풀 방식을 채택하되 일부 특수한 상황의 고객은 사일로로 구성하는 방식이다. '탄소배출 관리시스템'이 그 예다. 빌딩용 탄소배출은 풀로 구성하고, 공장용 탄소배출은 사일로로 구성할 수 있는데, 이런 방식이 하이브리드의 좋은 예라고 할 수 있다.

매트릭스의 왼쪽 아래에 '내방객 관리시스템'이 있는데, 왼쪽 위의 하이브리드 A와 오른쪽 아래의 하이브리드 B로 화살표가 표시되어 있다. 처음에는 풀 방식으로 운영되다가 새로운 고객이 보안 강화를 요청하면, 해당 고객을 위한 사일로가 별도로 구축되어야 한다. 이것이 바로 풀 방식에서 하이브리드 방식 A로 전환되는 상황이다. 반대로 어떤 고객이 100개 이상의 빌딩을 관리하기 때문에 트랜잭션도 많고 특정 빌딩들이 프리미엄 서비스를 요구할 때는 사일로를 구축해야 한다. 이는 하이브리드 B로 전환되는 상황이다. SaaS 테넌트 격리 모델은 비즈니스 환경의 변화에 따라 최초에 설정한 모델에서 다른 모델로 변화할 수 있다.

13

하이브리드 & 멀티 클라우드

전체 IT 시스템을 클라우드로 전환하는 기업이 있고 계속해서 온프레미스 시스템만을 사용하는 기업도 있지만, 대다수 기업은 온프레미스와 클라우드를 조합해서 사용한다. 하이브리드 클라우드는 내연기관과 배터리를 동시에 사용하는 하이브리드 차량과 같은 개념이다. 이처럼 온프레미스와 클라우드를 함께 사용하는 방식을 하이브리드 클라우드라고 한다. 사람에 따라 퍼블릭 클라우드와 프라이빗 클라우드를 함께 사용하는 것을 하이브리드 클라우드라고 부르기도 하지만, 여기서는 온프레미스와 퍼블릭 클라우드를 결합하여 사용하는 것을 하이브리드 클라우드로 정의한다.

멀티 클라우드는 복수의 클라우드 사업자를 사용하는 것이다. 다시 말해 AWS, MS, 구글, 오라클, 네이버, KT, NHN 등 여러 퍼블릭 클라우드를 결합하여 사용하는 것을 의미한다. 그런데 하나의 클라우드 사업자를 선택하는 것이 편리한데, 굳이 복수의 클라우드 사업자를 선택하는 이유는 무엇일까?

첫 번째는 락인Lock-in 효과를 피하기 위해서다. 단일 클라우드 사업자를 선택하면, 할인 혜택이 높아지고 기술 구조나 사용법을 하나만 익혀도 되기 때문에 인력을 양성하기도 쉽고 내부적인 관리와 운영이 편리하다는 장점이 있다. 그러나 시간이 흐를수록 특정 클라우드 사업자에 의존하게 되어 다른 옵션을 선택하기 어렵다. 한번 결정하면 다른 클라우드로 전환하기가 어려워서 운영의 유연성이 감소하고, 막상 다른 클라우드로 이전하려면 상당한 리스크를 감수해야 한다.

두 번째는 각각의 클라우드 사업자마다 고유한 장단점이 있어서 업무 특성에 맞게 가장 적합한 클라우드 사업자를 선택하기 위해서다. 예를 들어, 범용적인 애플리케이션은 AWS에서 운영하고, 생성형 AI인 챗GPT는 MS 애저를 활용하며, 검색이 중요한 R&D 시스템은 구글 클라우드를 사용하는 것이다. 그러나 이는 데이터 인터페이스가 복잡하고, 서로 다른 클라우드 기술을 익혀야 하는 어려움이 따르며, 비용이 증가할 수 있다.

하나의 클라우드 사업자를 선택할지, 아니면 여러 클라우드 사업자를 사용할지는 정해진 규칙이 없고, 산업과 회사의 상황에 따라 다르다. 클라우드 전문 인력이 부족하고 비용 절감이 최우선 과제라면, 단일 클라우드 사업자를 선택하는 것이 좋다. 그러나 클라우드 전문 인력이 충분하고 각 클라우드 사업자의 강점을 최대한 활용하고자 한다면, 복수의 클라우드 사업자와 협업하는 것도 유용한 대안일 수 있다.

스타트업은 초기에 자금이 부족해서 목돈이 들어가는 투자를 하기 어렵다. 이때는 처음부터 모든 시스템을 클라우드에서 운영하는 '올인 클라우드All-in Cloud'를 대안으로 고려할 수 있다. 중소기업도 소수의 IT와 디지털 전환 인력으로 시스템을 운영해야 해서 온프레미스를 제대로 운영하기 어려울 수 있다. 그리고 하드웨어, 소프트웨어, 보안 등도 고려해야 하는 부담이 크기 때문에 올인 클라우드를 대안으로 고려할 수 있다.

중견기업이나 대기업은 IT와 디지털 전환 인력을 상대적으로 많이 확보하고 있어서 선택 가능한 옵션이 많다. 애플리케이션에 따라 클라우드가 유리한 때도 있지만, 온프레미스가 더 유리한 때도 있어서 상황에 따라 적절한 선택을 해야 한다. 방산 기업이나 금융회사는 법규상 회사 내부망과 외부망을 분리해야 하므로 클라우드 도입이 어렵거나 가능하더라도 일부 영역에 국한될 수밖에 없다. 기업마다 자신의 상황에 맞춰 의사결정을 하겠지만, 많은 기업이 '하이브리드 & 멀티 클라우드'

를 선택할 것으로 예상한다.

Chapter 3

디지털 전환의 핵심 기술
- AI/ML

01

AI와 모라벡의 역설

〈알쓸신잡〉이라는 TV 방송 프로그램에서 정재승 박사가 '인간에게 쉬운 것은 기계에 어렵고, 기계에 쉬운 것은 인간에게 어렵다.'라고 말한 것을 듣고 큰 인사이트를 얻었다. 인간에게 쉬운 것은 여러 가지가 있다. 사진을 보고 개와 고양이를 즉시 구분하거나 어떤 질문에 대해 내가 알고 있는지 모르고 있는지를 신속히 판단하는 것이다. 반면 기계에 쉬운 것은 온종일 쉬지 않고 일하거나 많은 양의 자료를 빠르게 읽고 틀린 점을 신속하게 찾아내는 것 등이 있다.

정재승 박사가 설명한 내용은 모라벡의 역설Moravec's paradox 이었는데, 여기서 얻은 인사이트 덕분에 필자는 AI와 업무에

사람에게 어려운 것	기계에 어려운 것
. 많은 양의 데이터 처리 . 많은 양의 자료를 읽고 학습하기 . 쉬지 않고 일하기	. 개와 고양이 사진 분류 . 아는지, 모르는지를 바로 아는 것 . 모르는 걸 물어보기

〈표 3〉 사람에게 어려운 것과 기계에 어려운 것

대해서 다시 생각하게 되었다. 사실 그동안 AI 과제 발굴에 많은 어려움이 있었는데, 그 이유는 어떤 유형의 업무에 AI를 적용해야 하는지, AI를 통해서 어떤 효과를 기대할 수 있는지를 필자가 잘 몰랐기 때문이다. 하지만 이후에는 AI 과제를 발굴할 때 모라벡의 역설을 활용하여 과제의 적절성을 평가하곤 했다.

AI 사업을 할 때는 비즈니스 관점에서 AI를 어떻게 활용할지 많은 고민이 필요하다. AI를 업무에 활용하면 인간을 대체할지 모른다는 우려가 있기도 하지만, 필자는 AI가 인간을 도와주는 유용한 도구라고 생각한다. 설비 고장을 예측하는 작업을 인간이 담당한다면, 실시간으로 쏟아지는 센서 데이터를 계속 집계하고 분석해야 한다. 데이터는 계속 변하며 끊임없이 쏟아지는데 이를 365일 24시간 내내 모니터링하는 것은 불가능하다. 이런 상황에서 설비 예지보전이라는 AI 모델은 수많은 데이터를 분석하고 실시간으로 예측함으로써 인간이 할 수 없는 일을 대신 할 수 있다.

또 다른 예로 실손 보험 심사 업무를 들 수 있다. 고객이 제출한 병원 영수증이나 진단서를 보험사에 제출하면, 심사원이 일일이 검토하고 보험금 지급 여부를 결정한다. 이 작업은 서류를 하나하나 검토해야 하고, 심사원마다 미세한 판단 기준과 경험치가 달라서 서로 다른 결과가 나올 수도 있다. 검토에 많은 시간이 들고 근무 시간에만 업무 처리가 가능해 심사원당 처리 건수에 한계가 있다. 그러나 이 업무를 AI를 통해 자동화하면, 고객이 서류를 제출하고 1~2분 이내에 보험금 지급 여부가 결정된다. 이를 통해 업무 처리 속도가 향상되고, 고객 만족도도 증가하며, 보험사가 보험금 심사 회사에 지급하는 비용도 절감할 수 있다.

AI와 데이터 애널리틱스

2016년 알파고가 첫 번째 AI 붐을 일으키면서 많은 사람이 AI에 대해 엄청난 기대를 하게 되었다. 그러나 기대한 것에 비해 실생활에서 느낄 수 있는 큰 변화가 없자 서서히 일반인의 관심이 줄어드는 듯 보였다. 그러다 2022년에 챗GPT가 두 번째 AI 붐을 일으키면서 AI는 다시금 세간의 큰 주목을 받고 있다. 알파고와 달리 챗GPT는 누구나 자연어로 질문하면 높은 수준의 대답을 얻을 수 있어서, 실제로 챗GPT를 써 본 많은 사람이 큰 충격을 받았다. 챗GPT는 많은 사람에게 생소했던 생성형 AI의 새로운 흐름을 만들어내고 있다.

알파고가 등장한 이후 많은 기업이 AI를 업무에 적용해왔다.

IT서비스 사업자를 넘어 일반 기업도 AI의 정의, 특징, 효과에 관해서 고민하면서 AI 프로젝트를 수행하고 있다. 개인적으로 ERP와 애플리케이션을 개발하고 운영하면서 데이터웨어하우스와 임원정보시스템 구축 프로젝트에 참여해 데이터 관련 시스템을 다뤄본 경험이 있지만, AI를 직접 경험한 적은 없었다. 그렇다 보니 AI 프로젝트를 처음 수행하는 과정에서 AI에 대한 개념을 정립하는 데 어려움을 겪었다. 프로젝트 PM과 팀원들의 노력 덕분에 프로젝트를 성공적으로 마무리했지만, AI 사업 책임자로서 AI를 제대로 이해하고 이를 토대로 고객이나 팀원과 소통하기에는 역부족이었다.

AI 프로젝트를 진행하면서 'AI는 어떤 원리로 작동하나요?', '어느 분야에 AI를 적용하나요?', 'AI가 기존의 데이터 분석 방식과 어떤 차이가 있나요?'와 같은 매우 기초적인 질문을 많이 받았다. 하지만 당시에는 AI를 충분히 이해하지 못했기에 답을 하기가 힘들었다. 그 후에 설비 예지보전 사업을 추진하면서 AI에 대해서 좀 더 쉽게 설명해야 할 필요성을 절감하여, 설비를 대상으로 하는 예지보전과 AI를 연결해서 데이터 애널리틱스와 AI의 관계를 〈그림 16〉과 같이 정리해 보았다. 〈그림 16〉은 설비가 맨 왼쪽에 위치하고, 설비의 센서나 SCADA, RTDB에서 수집되는 데이터가 데이터베이스에 집계되는 구조다. 데이터는 왼쪽에서 오른쪽으로 흐르는 구조다.

데이터 애널리틱스Data Analytics는 크게 비즈니스 인텔리전스 Business Intelligence와 어드밴스드 애널리틱스Advanced Analytics로 구분한다. 비즈니스 인텔리전스는 주로 이미 발생한 문제를 설명하고 원인을 분석하며, 어드밴스드 애널리틱스는 문제를 예측하고 요구되는 행동이 무엇인지에 초점을 둔다.

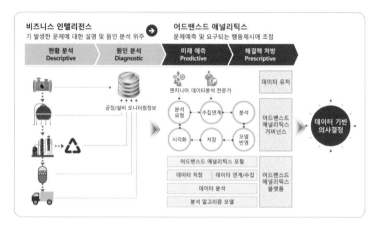

〈그림 16〉 비즈니스 인텔리전스와 어드밴스드 애널리틱스

먼저 데이터 애널리틱스는 네 단계로 구성된다.

첫 번째, 현황 분석 단계에서는 무슨 일이 발생했는지를 설명한다.

두 번째, 원인 분석 단계에서는 왜 이런 일이 발생했는지를 진단한다.

세 번째, 미래 예측 단계에서는 앞으로 무슨 일이 일어날지를 분석한다. 설비 예지보전 사업이 바로 미래 예측 단계의 애널리틱스를 활용한 것이다.

네 번째, 해결책 처방 단계에서는 '그래서 내가 어떻게 해야 해?'라는 질문에 대한 답을 제공한다.

데이터 애널리틱스에서는 왼쪽의 현황 분석 방향으로 갈수록 인간의 개입이 더 필요하다. 현황을 파악하고 조처하는 작업은 사람이 직접 해야 한다. 원인 분석 단계에서는 고장 원인을 확인할 수 있지만, 해당 원인에 대한 해결책을 찾아 실행하는 것은 사람의 역할이다. 미래 예측 단계에서는 설비의 고장을 예측하지만, 설비를 정지할지 말지를 판단하는 일은 여전히 사람이 해야 한다. 해결책 처방 단계에서는 예측된 고장에 대한 처방이 나오며, 이에 따른 조치는 사람이 데이터를 참고하여 결정하거나 자동화할 수 있다.

설비 관리에서 데이터 분석, 즉 데이터 애널리틱스를 활용하면 업무 효율성을 향상시킬 수 있다. 예를 들어, 현황 분석 영역에서는 모니터링을 위해 조회 화면이나 대시보드를 사용하는데, CCTV가 현장을 촬영하다가 이상 상황이 감지되면, AI의 비전 기술을 활용하여 알람을 생성할 수도 있다. 다른 예로, 설비 상태를 모니터링할 때는 주로 온도, 유량, 유속, 압력, 진동 등을 관찰하고, 설비에 문제가 생기면 신속하게 근본 원인을 찾아야 한다. 분석 결과가 윤활유 누출로 생긴 문제라면, 윤활유 누출을 막는 패킹을 교체하거나 다른 방법으로 수리해야 한다. 이러한 고장 징후와 원인, 후속 조치에 대한 데이터가 축적되면, AI가 학습을 통해 고장 진단, 원인 분석, 처방을 수행하는 모델을 구축할 수 있다.

과거에는 경험과 직관을 기반으로 의사결정을 했지만, 현재는 데이터를 중심으로 의사결정을 하는 추세다. 의사결정을 할 때 AI 모델에 도움을 받는 것을 '의사결정 지원'이라고 한다. 만약 AI 모델의 성능이 뛰어나 정확도가 거의 100%에 근접한다면, 해당 AI가 제안하는 답을 그대로 수용할 수 있는데 이런 방식을 '의사결정 자동화'라고 한다. 물론 정확도가 100%라면 룰 기반의 방식으로 전환하는 것도 가능하다. AI와 데이터 애널리틱스의 목적은 다양하지만, '의사결정 지원'과 '의사결정 자동화'가 핵심이다.

03

머신러닝과 딥러닝

AI에 관해 이야기할 때 머신러닝과 딥러닝이라는 용어가 자주 언급된다. 이때 AI가 가장 큰 개념이며, AI 하위에 머신러닝이 있고, 머신러닝 하위에 딥러닝이 있다. 〈그림 17〉은 컴퓨터 사이언스에서 딥러닝까지의 AI 구조를 잘 보여준다.

머신러닝은 말 그대로 기계 학습이라고도 불리며, 사람을 가르치듯이 기계를 학습시키는 개념이다. 1959년 IBM 직원인 아서 사무엘Arthur Lee Samuel은 '머신러닝은 컴퓨터에 명시적인 프로그램 없이 학습할 수 있는 능력을 부여하는 연구 분야'라고 정의했다. 명시적인 프로그램이란 우리가 흔히 알고 있는 일반적인 프로그램을 의미한다. 간단히 말해, 어떤 입력을 주

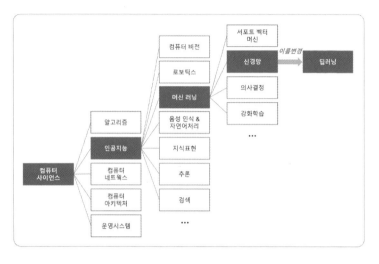

〈그림 17〉 AI의 구조

면 계산식을 통해 출력을 얻는 것이다. 가령 $y = x + 2$와 같은 식을 명시적으로 프로그래밍하지 않고 $(1, 3)$, $(2, 4)$, $(3, 5)$, $(4, 6)$과 같은 데이터를 통해 학습을 시키면, 내부적으로 $y = x + 2$ 라는 AI 모델이 생성된다. 이 모델에 5를 입력하면, 7이라는 출력을 얻을 수 있다. 이처럼 (입력, 출력) 값의 학습을 통해 모델을 생성하는 방식이 머신러닝이다.

딥러닝은 머신러닝의 한 종류로 인공신경망을 기반으로 한 학습 방법이다. 주로 이미지, 음성, 비디오와 같은 비정형 데이터를 학습하는 성능이 뛰어나다. 예를 들어, 개와 고양이 사진을 딥러닝을 통해 학습시킨 후에 모델에 새로운 개나 고양이 사진을 보여주면, 이를 높은 정확도로 구분한다.

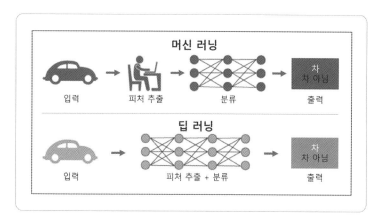

〈그림 18〉 머신러닝과 딥러닝

　머신러닝과 딥러닝은 밀접한 관련이 있지만, 〈그림 18〉에서
확인할 수 있듯이 약간의 차이가 있다. 머신러닝에서는 의미
있는 피처Feature, 데이터 분석에 사용되는 개별 독립변수를 사람이 도출하는
반면, 딥러닝은 스스로 데이터를 학습하여 피처를 도출하기 때
문에 피처 엔지니어링을 위한 소프트웨어 엔지니어의 개입이
더 적어지게 된다.

　딥러닝은 자동으로 피처를 도출하여 모델을 만들고 값을 계
산하기 때문에 편리하긴 하지만, 한편으로는 AI 모델이 도출
한 결과의 원리를 이해하기 어렵다. 이런 이유로 '설명 가능한
AI', 즉 익스플레이너블Explainable AI 측면에서는 답을 도출하는
과정을 설명하기도 어렵다. 그리고 딥러닝이 모든 경우에 효과
적인 것은 아니다. 정형 데이터를 지도학습 방식으로 학습시킬

때는 딥러닝보다 기존의 머신러닝이 효과적인 경우가 많다. 딥러닝은 주로 이미지, 동영상, 음성과 같은 비정형 데이터를 다루는 데 탁월하다.

　AI가 부흥하게 된 계기는 2012년 스탠퍼드 대학의 이미지넷이 주최하는 이미지 인식 정밀도 측정 대회에서 토론토 대학의 제프리 힌튼Geoffrey Hinton 교수가 이끄는 팀이 딥러닝을 통해 기존 방식과 비교할 수 없는 월등한 성과를 거두었기 때문이다. 물론 딥러닝을 효과적으로 활용하기 위해서는 대량의 학습 데이터와 GPU 등의 대규모 인프라가 필요하지만, 딥러닝 덕분에 AI가 다시 부상하는 계기가 된 셈이다.

04

AI에서 알고리즘과 모델의 의미

알고리즘은 '어떤 문제를 해결하기 위한 절차, 방법, 명령어의 집합'을 의미한다. 다시 말해 알고리즘은 문제를 해결하는 과정을 프로그램처럼 만들어서 유사한 상황에서 손쉽게 사용할 수 있도록 만든 것이다.

알고리즘은 모델을 개발하는 중요한 요소이지만, 모델에 비하면 상대적으로 작고 단순하다. 주로 학계나 빅테크 기업, AI 연구소를 보유한 기업이 알고리즘을 개발하고 대다수 기업은 기존에 개발된 알고리즘을 사용한다. AI 프로젝트에서 과제의 성격에 맞는 알고리즘을 찾아내고 선정하는 것은 매우 중요하다. 기존에 해결되지 않았던 문제가 새로운 알고리즘으로 쉽게 해결될 때도 있기 때문이다. 따라서 AI 프로젝트를 진행하려면 문제 해결에 적합한 알고리즘을 찾아낼 수 있는 능력이 필요하다. 이런 능력이 있어야 끊임없이 개발되는 새로운 이론과 문제 해결 방법을 살펴보며 연구할 수 있다.

개발은 문제 해결을 위한 논리를 프로그래밍 언어로 구현하는 것이다. 모델을 개발할 때 하나의 알고리즘으로 모델을 만들 수도 있지만, 보통은 여러 개의 알고리즘을 사용한다. 그러나 알고리즘 조합만으로 문제가 해결되지 않는다면 추가로 개발을 해야 한다. 즉, 알고리즘만으로 해결할 수 없는 부분은 개발을 통해 해결해야 한다.

그렇다면 AI에서 모델은 무엇일까? 모델은 여러 개의 알고리즘, 개발, 데이터, 학습 등 다양한 요소의 집합체를 의미한다. AI 프로젝트를 수행하면 'AI 모델'이 만들어지는데, '설비 예지 보전 모델', '자동차 파손 부위 식별 모델', '실손 보험 심사 모델' 등이 바로 모델의 예라고 할 수 있다. 한 마디로 모델은 알고리즘, 학습용 데이터, 개발을 통해 문제를 해결하는 데 사용되는 것으로, 이 개념을 명확하게 이해하지 못하면 '알고리즘을 개발했다'라거나 '모델을 개발했다'라는 식의 표현을 혼용하게 된다. 그리고 모델 개발에는 학습용 데이터가 필요하다. 학습용 데이터 없이는 모델을 만들 수 없다.

정리하자면, AI 프로젝트에서 알고리즘은 핵심적인 요소이기는 하지만 이것만으로는 AI 모델을 만들 수 없다. 알고리즘과 학습용 데이터, 개발을 결합해야 AI 모델을 만들 수 있다. 따라서 AI 모델을 통해 문제를 잘 해결하려면, 학습용 데이터뿐 아니라 알고리즘을 폭넓고 깊게 이해해야 하고 개발 역량이 높아야 한다.

05

AI와 학습

AI에 학습이란?

필자가 AI의 개념을 공부할 때 '학습한다'라는 표현을 처음에는 잘 이해하지 못했다. '학습'이라는 용어를 듣자마자 사람이 지식을 쌓는 것이 떠올랐고, 'AI가 자아가 없는데 어떻게 학습을 한다는 걸까?' 하는 궁금증이 생기기도 했다.

〈그림 19〉는 워크데이Workday라는 글로벌 HR 솔루션 회사의 CTO인 데이브 소히지안Dave Sohigian 씨가 한국을 방문했을 때 진행한 세미나에서 AI 학습에 관해 설명한 내용이다. 이를 토대로 AI 모델의 학습 과정을 설명해보자.

모델은 알고리즘, 학습용 데이터, 개발을 통해 형성된다. 모델을 학습시킬 때는 주로 과거에 발생한 데이터를 활용하며, 이렇게 기존에 이미 발생한 데이터를 사용하여 모델을 학습시키는 것을 '지도학습'이라고 한다.

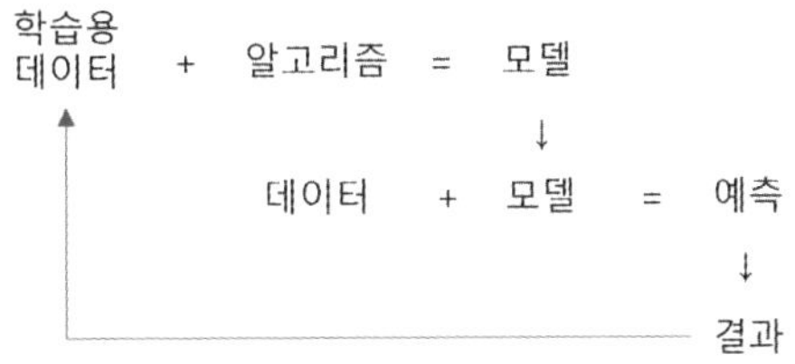

학습용
데이터   +   알고리즘   =   모 델
                                 ↓
         데이터   +   모 델   =   예측
                                 ↓
                                결과

〈그림 19〉 모델 학습의 개념

알고리즘은 데이터가 없으므로 기존에 발생한 데이터를 알고리즘에 입력하여 최대한 기존 데이터의 출력과 일치하도록 모델을 개발한다. 그리고 모델이 얼마나 기존 데이터와 일치하는 결과를 내는지에 따라 모델의 성능이 평가된다.

모델이 시스템에 적용되면, 신규 트랜잭션이 발생할 때마다 데이터가 모델을 통과하면서 답을 산출한다. 여기서 모델이 산출한 답을 '예측'이라고 하며, '결과'는 실제로 발생한 값을 의미한다. 예측과 결과 사이에 차이가 발생할 수 있다.

비즈니스나 고객의 변화로 기존의 데이터 유형과 다른 형태의 데이터가 생성된다면, 아무리 성능이 좋은 모델이라고 하더라도 성능이 변할 수 있다. 따라서 지속적인 학습을 통해서 모델 성능을 유지해야 한다. 발생한 데이터는 다시 학습용 데이터로 만들어져 알고리즘과 결합하여 학습하게 되고 모델이 업그레이드된다. 업그레이드된 모델은 다시 시스템에 적용되어 실데이터를 통과시켜 값을 예측하고 실제 값과 비교하는 과정을 계속 반복한다.

모델은 꾸준한 재학습과 유지보수가 필요하다. 모델의 성능 역시 지속적인 모니터링을 통해 효과적으로 관리해야 한다. 성능이 낮은 모델을 방치하면, AI가 도출하는 결과에 대한 신뢰도가 떨어져 더는 해당 AI 모델을 사용할 수 없다. AI는 만능이 아니며 양질의 대용량 데이터가 지속해서 공급되고 모델이 정기적으로 재학습되어야만, 초기에 의도했던 목적을 성취할 수 있다.

AI에 사용되는 학습의 종류

AI에 사용되는 학습에는 크게 3가지 종류가 있다. 바로 지도 학습, 비지도 학습, 강화 학습이다.

지도 학습Supervised Learning은 답을 알려주고 학습시키는 방법이다. 개와 고양이 사진을 AI에 학습시킬 때, 사진이 개인지 고양이인지를 알려주면서 학습시킨다. 학습된 AI 모델은 주어진

임의의 사진에 대해 개인지 고양이인지를 예측하게 된다. 이렇게 학습에 사용된 개와 고양이 사진을 학습용 데이터라고 한다. 그리고 사진마다 개인지 고양이인지를 기록하는 작업을 레이블링Labeling 또는 어노테이션Annotation이라고 하며, 이렇게 레이블링 된 정보를 담은 데이터를 메타 데이터, 즉 데이터의 데이터라고 한다.

데이터를 레이블링해야 하는 이유가 무엇인지 조금 더 상세하게 알아보자. 동영상이나 그림 파일만 주어지면, AI는 물체를 자동으로 정확하게 구분하고 인식하기가 어렵다. 일반적으로 물체의 윤곽이나 모양은 식별할 수 있지만, 해당 물체가 무엇인지를 알지 못한다. 따라서 사람이 물체를 일일이 자동차, 사람, 자전거, 신호등 등으로 표시하여 AI가 올바르게 인식할 수 있도록 해야 한다. 이것이 바로 데이터 레이블링Data Labeling 이다. 쉽게 말해 레이블을 달아 주는 일이다. 과거에 인형에 눈알을 붙이는 부업을 빗대어 레이블링을 '디지털 눈알 달기' 또는 'AI 눈알 달기'라고 하기도 한다. 최근에는 챗GPT 열풍으로 텍스트에 관련된 데이터 레이블링이 늘어났다는 기사도 있다.

이전에 설명한 보험금 청구 자동화와 설비 예지보전 모델 역시 지도학습의 예다. 과거에 발생했던 보험금 지급 데이터를 학습하여 모델을 만들고, 새로운 데이터가 들어오면 모델이 지급 여부를 판단한다. 예지보전도 정상 상태를 학습시킨 뒤 정상을 벗어나는 데이터가 발생하면, AI 모델이 미래에 고장 위험이 있다는 경고를 표시한다. 기업에 따라 다르겠지만, 일반 기업에서는 과거 데이터를 활용하여 모델을 만드는 지도학습을 더 많이 수행한다.

비지도학습Unsupervised Learning은 레이블이 부여되지 않은 사진을 학습하여 유사성에 기반해 사진을 분류하는 작업과 같은 과제에 활용된다. 이 방식은 모르는 영역을 탐색하거나 고객을 그룹화하여 마케팅 전략을 실행하는 데 활용된다. 특히 데이터 전처리에 비지도 학습을 적용하여 데이터를 그룹화하고, 잘 분류된 그룹에는 자동으로 레이블을 부여하며, 판단이 어려운 데이터 그룹에는 사람이 직접 레이블링하여 데이터 준비 시간을 단축할 수 있다. 그러나 이 방식은 지도학습에 비해 많은 양의 데이터와 학습 시간을 요구하며, 결과를 이해하는 데에도 더 많은 시간이 걸릴 수 있다.

강화 학습Reinforcement Learning은 이세돌 기사와 알파고의 대국에서 사용된 학습 방법으로, 규칙이 주어진 상태에서 AI가 스스로 최적의 해결책을 찾아가는 모델을 구축하는 방식이다. 대표적인 예가 벽돌 깨기 게임이다. 이 게임의 목적은 공을 가로 막대로 튕겨내어 화면 위쪽에 있는 모든 벽돌을 깨는 것이다. 죽지 않고 벽돌을 깰 때마다 AI 모델에 보상해주면, AI 모델은 스스로 학습하여 최적의 문제 해결 방법을 찾는다. 이세

돌파의 대국에 사용된 알파고는 인간의 기보와 정석을 학습했지만, 이후의 알파고 제로는 독학으로 바둑을 익히며(강화 학습) 기존의 정석을 뛰어넘는 독특한 전략을 개발했다고 알려져 있다. 강화 학습은 방산 분야의 무인 전투기 훈련에도 사용되며, 생존과 적군을 제거하는 행동에 대한 보상을 설계하여 인간보다 우수한 AI 조종사를 양성하는 데 기여하고 있다.

06

AI 프로젝트 수행 과정

AI 프로젝트는 일반적으로 3가지 주요 단계를 거친다.

첫 번째 단계는 데이터를 준비하는 과정이다.

이 단계는 학습 데이터를 구성하고 최적화하기 위해서 데이터를 식별하고 전처리하는 과정이다. 이는 전체 작업의 약 90% 이상이 데이터 준비에 할당되는 매우 중요한 단계로 데이터 준비가 효과적으로 이루어지면, 모델링은 상대적으로 쉽게 진행할 수 있다.

데이터 준비를 성공적으로 수행하기 위해서는 AI를 적용하려는 업무 프로세스와 시스템을 철저하게 이해할 필요가 있다.

이를 위해 현업 전문가들과 깊이 있는 인터뷰를 진행하여 실제 업무 처리 방식을 자세히 조사해야 하며 때로는 직접 관찰도 해야 한다. 특히 사용되는 시스템의 종류, 입력과 출력 데이터, 보고서에 대한 조사가 중요하다. 나아가 수작업 처리나 파일 형태로 저장된 데이터뿐 아니라 업무에 참조되는 문서와 관련 자료 여부도 함께 확인해야 한다.

AI 학습에 사용되는 데이터는 대략 세 가지 유형으로 구분된다. 첫째 정형 데이터로 엑셀과 유사한 구조로 데이터베이스에 저장된다. 둘째 비정형 데이터로 이미지, 음성, 비디오 등이 포함된다. 셋째 반정형 데이터로 데이터베이스에 저장되어 있지만, 텍스트 형식이어서 정형 데이터로 처리하기 어려운 형태를 말한다.

데이터가 잘 정리되어 있더라도 대부분 여러 군데 흩어져 있어서, 이를 수집하여 학습에 활용할 수 있도록 정돈하는 작업이 필요하다. 이를 '데이터 전처리'라고 하는데 결측치를 처리하고 이상치를 제거하며 데이터 불일치성을 교정하는 데이터 정제, 정규화·집계·요약을 통해 데이터를 분석하기 쉽게 변환하는 데이터 변환, 데이터의 품질을 향상하기 위한 필터링, 통합, 축소 등의 작업이 포함된다. 데이터 전처리를 통해 생성된 학습용 데이터 세트는 일종의 통합 테이블로 볼 수 있다. 이는 엑셀의 열이 가로로 계속 이어지는 거대한 표 형태의 파일로,

데이터 세트라고 한다. '전처리'라는 말을 얼핏 들었을 때 어감상 중요하지 않다고 여길 수도 있지만, 실제로는 AI 모델링의 성공 여부를 90% 이상 좌우하는 매우 중요한 작업이다.

두 번째는 모델링 단계이다.

이 단계는 데이터 준비 과정에서 생성된 데이터 세트를 기반으로 다양한 알고리즘을 활용하여 AI 모델을 구축하는 과정이다. AI에서는 필드나 열 대신에 피처라는 용어를 사용한다. 데이터 세트에는 수천 개의 피처가 있을 수 있지만, 중요도는 각각 다르다. 따라서 수많은 피처에서 고객 번호, 질병 번호, 병원 번호, 집 주소, 전화번호, 결제일, 금액 등 모델링에 중요한 피처를 식별해야 한다. 피처를 분류하는 방법은 수작업으로 정제하는 방법과 시스템에서 자동으로 분류하는 방법이 있으며, 중요한 피처를 식별하고 조합하는 작업을 '피처 엔지니어링_{Feature engineering}'이라고 한다.

다양한 알고리즘 중에서 과제 해결에 가장 적합한 알고리즘을 일일이 수작업으로 찾기는 쉽지 않다. 이 작업을 효율적으로 진행하려면, 먼저 과제의 특성을 평가하여 이상을 탐지할 것인지, 특정 대상을 분류할 것인지, 아니면 이미지나 음성 같은 비정형 데이터를 활용할 것인지에 따라 적절한 알고리즘 군을 선정해야 한다. 후보 알고리즘을 선정한 후에 데이터 세트와 결합하여 모델을 개발하면, 알고리즘 종류나 조합에 따라 다양한 모델이 생성된다. 이 모델들의 성능을 비교한 뒤에 가장 우수한 모델이 선택되면, 그 모델 안의 알고리즘도 함께 선정한다.

AWS의 세이지메이커와 같은 AI 플랫폼은 데이터 세트를 입력하면, 자체의 오토 ML 기능을 활용하여 자동으로 적합한 알고리즘을 찾아 모델링을 해주기 때문에 알고리즘 전문가가 아니더라도 모델링이 가능하다. AI 전문가들은 오토 ML보다는 직접 모델링을 선호하지만, 오토 ML의 결과와 비교하며 모델의 성능을 높이기도 한다.

마지막으로 AI 모델의 성능을 평가하는 단계다.

모델이 생성되면, 테스트 데이터를 사용하여 정확도, 정밀도, 재현도, 오류율 등을 계산하여 평가한다. 성능이 괜찮다고 판단되면, 현업에서 실제 사용이 가능한지 다시 성능 평가를 요청한다. 하지만 예상했던 성능이나 효과가 나오지 않으면, 모델링을 다시 시도한다. 만일 계속해서 개선되지 않는다면, 처음부터 프로세스와 데이터 세트를 재검토한다.

AI 모델의 성능 평가

AI 모델의 성능을 평가하는 방법

AI 모델의 성능 평가 방법에 '오차 행렬'이라고도 부르는 컨퓨전 매트릭스Confusion Matrix가 있다. '컨퓨전Confusion'은 '혼란'이나 '혼동'을 의미하며, 컨퓨전 매트릭스는 실제 발생한 값인 '실제'와 AI 모델의 '예측'을 조합하여 성능을 평가해 준다.

AI 모델의 성능 평가를 효과적으로 하기 위해서는 AI 모델을 학습시킬 때 학습용, 검증용, 테스트용 데이터를 6:2:2의 비율로 나누어 준비한다. 60%의 데이터로 모델을 학습시키고 20%의 검증용 데이터로 모델의 성능을 평가한다. 이런 과정을 반복하면서 최적의 모델을 선택한다. 이때 검증용 데이터는 학습용 데이터에 과적합 된 모델을 피하는 데 도움이 된다. 여기서 '과적합'이란 학습용 데이터에 지나치게 맞춰진 모델로 학습용 데이터에서는 높은 성능을 보이지만, 다른 데이터에서는 성능이 급격히 감소하는 상태를 의미한다.

모델의 평가는 검증용 데이터를 활용하여 수행하는데, 최종 모델의 성능이 검증용 데이터의 결과와 일치하지 않을 수 있다. 반복적으로 검증용 데이터를 사용하다 보면, 의도치 않게 해당 데이터에 적합한 모델이 선택될 수도 있다. 따라서 마지막에 선택된 모델의 최종 성능 평가는 테스트용 데이터로 진행하며, 이는 모델이 실제로 적용될 때의 기대 성능이라고 할 수 있다.

예를 들어, 보험금 지급 여부를 판단하는 AI 모델을 가정하여 〈그림 20〉의 컨퓨전 매트릭스를 통해 설명해보자.

여기에서 '실제 Positive'는 실제로 보험금이 지급된 경우를 나타내며, '실제 Negative'는 실제로 보험금이 지급되지 않은 경우를 의미한다. 예측은 AI 모델이 내린 보험금 지급 여부에 관한 결정을 나타낸다. '예측 Positive'는 AI가 보험금을 지급하라고 판단한 경우이며, '예측 Negative'는 보험금을 지급하지 말라고 판단한 경우이다.

컨퓨전 매트릭스는 실제와 예측의 결과를 사분면으로 분석하여 AI의 성능을 평가한다. 실제 값이 Positive이고 AI가 예측한 값도 Positive이면, TPTrue Positive라고 한다. 이는 실제로 보험금을 지급했는데, AI도 지급하라고 판단한 경우다. 실제 값이 Positive인데 예측값이 Negative라면, FNFalse Negative으로 나타낸다. 이는 실제로 보험금은 지급했지만, AI는 지급하지 말라고 판단한 경우다. 반대로, 실제 값이 Negative인데 예측값이 Positive라면, FPFalse Positive다. 이는 실제로 보험금을 지급하지 않았지만, AI가 지급하라고 판단한 경우다. 마지막으로, 실제 값과 예측값이 모두 Negative면, TNTrue Negative이라고 한다. 이는 실제로도 보험금을 지급하지 않았고 AI도 지급하지 말라고 판단한 경우다.

이 4가지 분면의 계산식을 통해 AI 모델의 성능을 평가할 뿐 아니라 이 성능 평가 결과를 기반으로 비즈니스 의사결정이 이

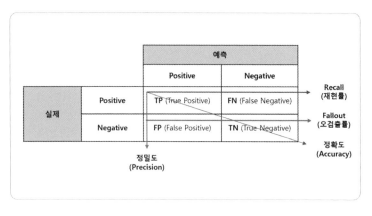

〈그림 20〉 머신러닝 평가 지표

루어진다. 보험금 지급의 오류를 최소화하기 위해 기준치를 높이면, 실제로는 보험금을 지급해야 할 상황임에도 불구하고 AI 모델은 지급하지 말라는 값을 제시할 수 있다. 그러나 기준치를 낮추면, 실제로는 보험금을 지급하지 말아야 할 상황에서도 지급하는 오류가 증가할 수 있다.

비즈니스 의사결정은 이러한 성능 평가 결과를 기반으로 이루어진다. 보험급 지급 오류를 줄여 비용을 절감하는 것이 우선인지, 아니면 보험금 지급의 관용성을 확대하여 고객 만족도를 높이고 새로운 고객을 유치하는 것이 우선인지에 따라 AI 모델의 기준을 조절한다.

AI 모델의 값은 보통 1을 기준으로 0.7이나 0.8과 같이 확률로 표현되며, 이러한 확률의 범위에 따라 지급 허용 또는 불허용이 결정된다. 허용과 불허용의 결정 기준을 0.7로 설정하느냐 0.9로 설정하느냐에 따라서 보험급 지급 오류 비율과 금액에 영향을 미친다. 이 결정 기준을 임계점Threshold이라고 부르며, 임계점을 정하는 것이 의사결정의 핵심이다.

AI 모델의 성능 지표

모델의 성능을 나타내는 지표로 '정확도Accuracy', '정밀도Precision', '재현율Recall', '오검출률Fallout' 등이 사용된다.

'정확도'는 전체 건수 중에서 올바르게 예측한 건수의 비율을 나타내는 지표로 〈그림 20〉의 매트릭스 왼쪽 위에서 시작하여 오른쪽 아래로 향하는 대각선 방향을 나타낸다. 이를 수식으로 표현하면 다음과 같다.

$$\frac{TP+TN}{TP+TN+FP+FN}$$

'정밀도'는 Positive로 예측한 값 중에서 실제로 Positive인 비율을 나타내며, 매트릭스에서는 예측의 Positive 열 방향(세로)에 해당하며 수식은 다음과 같다.

$$\frac{TP}{TP+FP}$$

'재현율'은 실제 Positive 중에서 AI가 정확히 예측한 Positive의 비율을 의미한다. 매트릭스에서는 실제의 Positive 행 방향(가로)에 해당하며 수식은 다음과 같다.

$$\frac{TP}{TP+FN}$$

'오검출률'은 실제 값은 Negative이지만 예측이 Positive로 잘못 예측된 비율을 나타낸다. 이는 매트릭스에서 실제의 Negative 행 방향(가로)에 해당하며 수식은 다음과 같다.

$$\frac{FP}{FP+TN}$$

AI 모델의 성능을 평가하는데 '정확도', '재현율', '정밀도', '오검출률' 등과 같은 지표가 도움이 되지만, 기계적인 수치만으로 판단해서는 비즈니스 요구 사항이나 목적을 충족시키기 어려울 수도 있다. 과제의 성격을 이해한 후 AI 모델의 성능을 어디까지 향상시킬지와 임계점을 어디에 설정할지를 판단하는 것이 중요하다.

08

AI 모델의 성능 평가 사례

〈그림 21〉은 임계점에 따라서 변하는 TP, FP, TN, FN의 변화를 나타낸 것이다. 가로축은 기준점 역할을 하는 임계점이고 세로축은 비율(%)이다.

그래프상의 임계점은 0.6이며, 이를 기준으로 컨퓨전 매트릭스를 작성하면 〈표4〉와 같다. 이 매트릭스의 합계는 항상 100으로 유지된다. 실제 프로젝트 진행 과정에서는 임계점을 0.7로 조정하기도 하고 0.5로 낮추기도 하면서 적절한 수준을 찾는 작업을 여러 차례 거치게 된다.

〈표4〉의 컨퓨전 매트릭스값을 기반으로 성능을 평가하는 4개의 지표를 계산하면, 그 결과는 〈표5〉와 같다. 정확도는 70%, 정밀도는 92%, 재현율은 45%, 오검출률은 4%다. 처음에

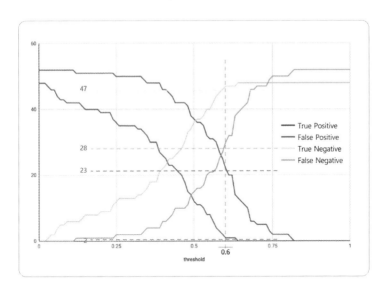

〈그림 21〉 성능 평가 매트릭스 비율

		예측		합계
		Positive	Negative	
실제	Positive	23	28	51
	Negative	2	47	49
합계		25	75	100

〈표 4〉 컨퓨전 매트릭스

는 이러한 값이 복잡하게 보일 수 있고 어떻게 해석해야 할지 헷갈릴 수 있다.

　보험금 자동 지급 과제에 기반하여 설명하면, 정확도는 AI 모델이 실제로 보험금을 지급하거나 지급하지 않았던 사례를 정확하게 맞춘 비율을 나타낸다. 정밀도는 AI 모델이 보험금을 지급하라고 판단하였을 때 실제로 지급한 비율을 의미하며, 재현율은 실제로 보험금을 지급했는데 AI 모델도 지급하라고 답한 비율을 나타낸다. 오검출률은 실제는 보험금을 지급하지 않았는데 AI 모델이 지급하라고 답한 비율을 의미한다.

이러한 개념과 수치를 이해하는 것이 중요하기는 하지만, 이 수치를 어떻게 의사결정에 활용해야 할지를 고민하는 것이 더 중요하다. 예를 들어, FPFalse Positive를 보면, 실제로 보험금이 지급되지 않았지만 AI 모델이 지급하라고 답한 경우로, 보험사는 지급하지 않아도 될 돈을 지급하기 때문에 손해가 발생하게 된다. 반면에 FNFalse Negative은 실제로는 돈을 지급했지만 AI가 지급하지 말라고 판단한 경우다. 보험사 입장에서는 지급해야 할 돈이 지급되지 않아서 오히려 이득으로 생각할 수 있다.

AI 모델을 활용하여 자동 심사 비율을 높여서 심사 비용을

항목	계산식	결과값
정확도 accuracy	$(TP+TN) / (TP+TN+FP+FN) = (23+47) / 100$	70%
	예측값이 실제의 Positive와 Negative를 맞춘 비율	
정밀도 precision	$TP / (TP+FP) = 23 / (23+2)$	92%
	Positive라고 예측한 값 중 실제 Positive인 비율	
재현율 recall	$TP / (TP+FN) = 23 / (23+28)$	45%
	실제 값이 Positive인데 예측값도 Positive인 비율	
오검출률 fallout	$FP / (FP+FN) = 2 / (2+47)$	4%
	실제 값이 Negative인데 예측값은 Positive인 비율	

〈표 5〉 컨퓨전 매트릭스 기반 주요 비율

절약하고 고객의 편의성을 높일지, 아니면 심사 비용을 좀 덜 줄이더라도 보험급 지급 오류율을 줄여서 불필요한 비용을 막을지를 판단해야 한다. 임계점을 높이거나 낮춤으로써 변화하는 컨퓨전 매트릭스와 다양한 성능 지표를 고려하여 최적의 결정을 내리는 것이 필요하다. AI는 만능이 아니며 현재까지는 인간이 의사결정을 해야 할 영역이 더 많다. 결국 비즈니스 판단은 인간의 몫이다.

09

AI 모델 학습과 성능 평가를 위한 테스트 데이터

AI 모델을 학습시키고 테스트하는 방식은 대부분 유사하지만, 산업이나 과제에 따라 차이가 있다. AI 모델 학습용 데이터를 준비할 때, 사계절의 특성과 1년 단위 회계연도를 고려하여 최소 1년 이상의 기간이 필요한 경우가 많다. 3년이나 5년 치의 데이터 정도면, 이 데이터를 토대로 AI 모델을 충분히 개발할 수 있다. 양질의 대용량 데이터가 AI 모델 성능 향상에 큰 도움이 되기는 하지만, 데이터의 품질이 좋고 제대로 유지되면 1년 치 데이터로도 원하는 AI 모델을 충분히 개발할 수 있다. AI 모델을 개발할 때 양질의 대용량 데이터는 매우 중요하다. 하지만 데이터양이 많으면 많을수록 학습에 걸리는 시간이 그

만큼 길어지고 자원 사용량도 많을 수밖에 없다. 따라서 적은 양의 데이터로 정확도 높은 결과를 얻을 수 있는 효과적인 방법을 찾을 필요가 있다.

예를 들어, 2024년에 적용할 AI 모델에 대한 학습과 테스트 계획을 다음과 같이 세워 볼 수 있다. 2022년과 2023년의 데이터로 학습시켜서 AI 모델을 완성한 다음에 2024년에 AI 모델을 적용하는 것이다. 이때 2024년의 데이터는 당연히 학습에 포함되지 않는다. 그리고 2022년과 2023년의 데이터로 학습을 진행할 때도, 자체적으로 AI 모델의 성능을 테스트하기 위해 전체 데이터 중 20%를 검증용으로, 20%를 테스트용으로 별도 보관한다. 가능하면 데이터를 균등하게 추출하여 따로 빼놓았다가 AI 모델이 완성되면, 검증용으로 활용하여 성능을 측정한다. 이때도 당연히 검증용과 테스트용 데이터는 학습에 포함되지 않는다.

한번 학습해서 만든 AI 모델은 영원할까? 당연히 그렇지 않다. AI 모델은 앞에서 설명했던 컨퓨전 매트릭스 등의 방법을 활용하여 계속해서 모니터링해야 한다. 비즈니스 환경이 변하지 않고 고객의 성향이 일정하게 유지되어 데이터 특성이 크게 변하지 않는다면, 굳이 AI 모델을 수정할 필요가 없다. 그러나 비즈니스 환경이 변화하고, 신규 상품이 추가되며, 고객 프로파일이 변하면, 데이터도 함께 변화할 수 있다. 이러한 변화가 데이터에 반영되기 시작하면, 우수했던 AI 모델의 성능이 서서히 저하되는 예가 많다. 데이터의 새로운 패턴이 기존의 AI 모델에 제대로 반영이 안 되어 성능이 떨어지는 것이다. 이러한 상황에서는 AI 모델을 재학습시켜야 한다. 이때 최신 데이터를 가능한 한 많이 활용하여 학습시키면, 최근 동향을 반영할 수 있다.

AI를 학습시키고 모니터링하고 재학습시키는 작업은 해당 업무를 잘 이해하고 경험이 풍부한 전문가들이 연속성을 유지하며 수행하는 것이 바람직하다. 데이터를 충분히 이해해야만 제대로 된 결과를 도출할 수 있기 때문이다.

설비 예지보전 모델을 처음 개발했을 때, 우리는 AI 모델을 최신의 데이터로 매일 학습시켰다. 설비 상태가 온도, 유량, 유속, 압력 등에 영향을 받으며 계속 변하기 때문에 이러한 변화를 AI에 정확하게 반영하기 위해서였다. 결국 AI 모델을 학습시키고, 테스트하고, 재학습시키는 것은 해당 산업과 회사, 과제의 특성에 맞게 전략을 세우고 지속해서 실행해야 높은 성과를 얻을 수 있다.

10

머신러닝의 3대 요소

머신러닝을 효과적으로 구현하기 위해서는 데이터, 알고리즘, 컴퓨팅 파워라는 세 가지 핵심 요소가 필요하다.

데이터는 양적인 측면과 아울러 질적인 면에서도 중요하며, 최소 1년 치 또는 해당 과제를 대표할 충분한 양의 데이터가 필요하다. 데이터 품질이 좋지 않거나 결측된 데이터가 많으면, '무가치한 데이터를 넣으면 무가치한 결과가 나온다Garbage in Garbage out'라는 원리에 따라 결과물도 좋지 않을 수 있다.

실제 현실에서는 데이터양이나 품질에 문제가 있어 프로젝트를 진행하지 못하는 예가 많다. 가령 장치산업에서 설비 데이터를 분석하여 고장을 예측하는 모델을 개발하려고 할 때,

해당 설비에 센서가 충분하지 않은 경우도 많고 아예 없는 사업장도 있다. 이런 곳에서 예측 모델을 개발하려면, 설비에 센서를 부착하고 데이터를 수집하는 시스템을 구축하여 최소 1년 동안은 데이터를 수집해야 한다. 그렇게 해도 고장 이력이 부족하다면, AI 모델의 성능을 검증하기 어렵다. 그뿐 아니라 설비에 필요한 센서를 구매하는데 상당히 비용이 들기 때문에 프로젝트를 포기하는 상황도 발생한다. 설비 도입 당시에 센서를 설치하고, 데이터를 수집하고, 분석하는 계획을 수립했다면 데이터 분석 과제를 쉽게 수행할 수 있지만, 그렇지 않은 상황에서 나중에 이를 진행하려면 프로젝트 진행이 쉽지 않다.

좋은 AI 모델을 개발하기 위해서는 품질 좋은 데이터 세트가 필수이며, 이를 위해서는 효과적인 데이터 전처리가 필수다. 데이터의 수집과 전송을 다루는 데이터 엔지니어와 다양한 각도와 깊이로 데이터를 분석하여 과제의 일관성과 분석 방향성을 결정하는 데이터 사이언티스트의 역할도 무척 중요하다.

데이터만 있다고 문제가 해결되는 것은 아니다. 문제를 해결하기 위해서는 알고리즘이 필요하다. 앞서 언급한 대로 AI의 부흥기를 이끈 주요 원동력은 바로 딥러닝 알고리즘이었다. 이러한 알고리즘이 고품질의 데이터와 함께 지속해서 학습되어야 우수한 AI 모델을 개발할 수 있다. AI 모델을 개발하는 과정에서 여러 가지 어려움에 부딪히곤 한다. 그때마다 다양한 시도를 해야 하지만, 그중에서도 새로운 연구 논문을 찾아서 문제를 해결할 수 있는 알고리즘을 탐색하여 해결해야 하는 때가 많다. 이런 측면에서 '알고리즘'은 단순히 알고리즘 자체만이 아니라 문제 해결을 위한 알고리즘을 신속하고 정확하게 찾아내는 능력, 데이터를 효과적으로 다루고 분석하는 기술, 개발 능력을 모두 포함하는 것이다.

마지막으로 컴퓨팅 파워는 데이터와 알고리즘을 지탱하는 중요한 인프라 요소로, AI 분야에서는 CPU보다 GPU가 훨씬 더 중요한 역할을 한다. GPU는 Graphics Processing Unit의 약자로, 그래픽 처리 장치로도 알려져 있다. 초기에는 게임 분야에서 주로 활용되었는데, 게임이 2D에서 3D로 진화하면서 그래픽의 복잡성이 증가했다. 이에 따라 끊김 없이 자연스러운 플레이를 위한 다수의 자원이 요구되었다. 초반에는 CPU가 이 작업을 처리하였지만, PC 제어부터 게임까지를 모두 CPU가 감당하는 데는 한계가 있어서, 이를 보조하기 위해 GPU가 그래픽 카드에 탑재되기 시작했다.

GPU와 CPU의 차이는 무엇일까?

CPU는 스포츠카와 비슷하다. 서울에서 부산까지 고객을 운송한다고 가정하면, 스포츠카는 빠르게 갈 수 있지만, 탑승객 수에 제한이 있어서 100명을 이동시키려면 여러 번 왕복해야 한다. 그에 비해 GPU는 버스와 유사하다. 한꺼번에 많은 승객을 목적지까지 운송할 수 있다. 그래서 GPU가 동시 병렬 처리에 강하다고 하는 것이다.

AI 모델을 학습시킬 때도 소수의 고성능 CPU보다는 GPU를 통한 동시 병렬 처리가 훨씬 효율적이다. 성능이 같다면, GPU를 더 많이 보유하는 쪽이 경쟁에서 우위를 차지하게 된다. 'AI 모델을 한 번 학습시키는 데 큰 비용이 든다'라거나 '한국은 대규모 자원 경쟁에서 따라잡기 어렵다'라는 얘기가 나오는 것은 바로 GPU 때문이다. 엔비디아의 슈퍼포드는 GPU 서버를 모아 슈퍼컴퓨터처럼 구성하여 '대규모' 모델을 학습시킬 때 사용되는 '대규모' 인프라다. 하지만 GPU 서버 환경을 갖추려면, 최소 몇백억 원 이상이 필요하다. GPT-4와 같은 대규모 언어 모델을 학습하기 위해서는 그보다 훨씬 더 많은 투자가 필요하다.

GPU는 모델 학습에 사용된다. 한 번의 학습을 통해 뛰어난 성능의 AI 모델을 바로 만들 수 있다면, GPU의 중요성이 지금처럼 높지 않았을 것이다. 하지만 현실에서는 제대로 된 AI 모델을 개발하는 데 수많은 노력과 시간, 자원이 필요하다. 학습 후에 성능을 측정하고 성능이 낮다면, 다시 학습을 시키고 다시 성능을 측정한다. 목표 성능을 얻기 위해서 끊임없는 반복 학습이 필요하다. 한 번의 학습에 1주일이 걸린다면, 4번을 학

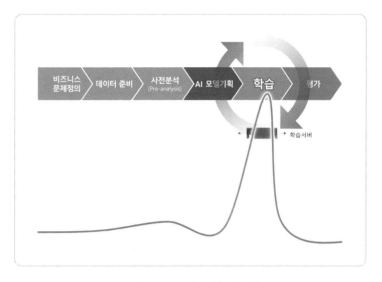

〈그림 22〉 GPU 서버의 자원 사용 패턴

습하는 데 한 달이 걸린다. 프로젝트 일정이 이미 정해져 있고 성능이 기대에 미치지 않아서 학습에 예상보다 많은 시간이 걸리면, 프로젝트 매니저에게는 상당한 어려움이 따를 것이다.

〈그림 22〉는 AI 프로젝트 흐름과 GPU 사용 패턴을 보여주는 것이다. 우선 AI 프로젝트는 비즈니스의 문제를 제대로 정의하는 데서 시작된다. 문제를 정의하고 나서 관련 데이터를 준비하고, AI 모델 개발을 위한 사전 분석을 시행한다. 그 후에 전처리와 학습이 이루어지는데, 학습은 GPU 서버를 활용하여 이뤄진다. 학습 과정에서는 GPU가 가장 많이 사용된다. 모델 성능 평가 후 모델을 재기획하고 학습하는 과정을 반복하는데,

GPU는 이러한 학습 과정에서 핵심적인 역할을 담당한다. 〈그림 22〉를 보면, GPU가 학습 단계에서 가장 많이 사용된다는 것을 알 수 있다.

충분한 GPU가 있다면, 기존에 1주일 걸리던 학습을 하루 만에 끝낼 수 있다. 1주일을 기준으로 했을때, 기존보다 여섯 번더 학습시킬 수 있어서, 더욱 정확한 알고리즘과 데이터 세트를 확보할 가능성이 크다. 잦은 학습과 성능 조정을 통해서 AI 모델의 정교화가 가능하므로 GPU는 AI 분야에서 매우 중요한 요소다. 그렇다 보니 GPU 인프라 확보를 위해 대란이 발생하기도 한다. GPU의 중요성이 갈수록 중요해지면서 AWS, MS 애저, 구글, 오라클 등은 퍼블릭 클라우드에서 GPU를 사용할 수 있는 환경과 인프라뿐만 아니라, AI 플랫폼까지 제공하여 고객들이 계속해서 자사의 GPU 환경을 사용하도록 유도하고 있다.

머신러닝을 통해 우수한 AI 모델을 개발하기 위해서는 데이터, 알고리즘, 컴퓨팅 파워 이 세 가지 요소가 조화롭게 작용해야 한다. AI에 관한 관심이 증가함에 따라 자원(인력, 인프라 등) 수급의 불균형이 발생할 수 있지만, 다양한 플랫폼과 내외부 전문가를 활용하여 이러한 문제를 해결하는 것이 현실적인 대안이다.

11

AI 프로젝트에서 데이터 사이언티스트, 데이터 엔지니어, AI 엔지니어의 역할

AI 프로젝트는 일반적인 SI_{System Integration} 프로젝트와 유사한 특성이 있다. AI 모델은 단독으로 사용될 수 없고, 애플리케이션 내에 특정 기능으로 통합되어야 사용자가 AI 모델을 활용할 수 있다. AI 프로젝트에도 PM_{Project Manager}, PL_{Project Leader}과 같은 기본 역할이 있지만, 회사마다 정의하는 역할이 조금씩 다를 수 있다. 〈표6〉은 이러한 역할을 필자 나름대로 정리해 본 것이다.

AI 과제 선정 단계에서는 고객의 요구 사항과 프로세스를 검토하며 데이터의 품질과 양에 대한 평가를 진행한다. 데이터를 다양한 각도로 분석하면서 중요 테이블과 필드를 식별하고

AI 모델 구성 방안을 기획한다. 이러한 작업은 데이터 분석가나 데이터 사이언티스트Data Scientist가 맡는다. 이들은 AI 알고리즘 및 모델링과는 별개로 업무 프로세스와 데이터 분석을 통해 과제를 깊이 있게 분석하고 문제 해결 방향을 리드하는 매우 중요한 역할을 담당한다. 최근에 데이터 리터러시Data Literacy라는 용어를 자주 접한다. 이는 데이터를 읽고 해석할 수 있는 능력을 의미하며, 데이터 분석가와 데이터 사이언티스트에게는 특히 더 중요한 역량이다. 데이터 분석이나 AI 과제를 수행할 때 꼭 필요한 역량이다.

데이터 엔지니어Data Engineer는 프로젝트의 방향성에 맞게 데이터를 준비하는 역할을 맡는다. 테이블과 데이터를 분석하고 수집한 후 전송하는 작업을 하므로 데이터 엔지니어에게는 개발 역량이 필수다. 여러 시스템의 다양한 테이블에서 데이터를

역할	Data Analyst/Scientist	Data Engineer	AI Engineer
업무	• 고객 니즈 분석 • 현업 프로세스 분석 • 시나리오/키워드 도출 • 학습 데이터 세트 도출 • 레이블 선정 기준 수립 • KPI 수립	• 데이터 아키텍처 분석 • 학습 데이터 세트 추출 • 데이터 전처리	• 데이터 분석 • 알고리즘 선택 • 피처 엔지니어링 • 데이터 학습
역량	• 비즈니스 이해 • 커뮤니케이션 능력 • AI 개요 • 수치 분석 및 이해 • 통계학	• SQL • Python • Pandas	• Python • Pandas • Sklearn 등 M/L 알고리즘

〈표 6〉 AI 과제를 수행할 때의 역할

추출하여 통합하는 작업이 쉽지 않아서 데이터 엔지니어의 능력이 프로젝트 일정에 큰 영향을 미치기도 한다.

최종 데이터 세트가 완성되면, AI 모델링이 진행된다. 필자는 이 부분을 담당하는 사람을 AI 엔지니어라고 하지만, 데이터 분석가나 AI 모델러라고 불리기도 한다. AI 엔지니어는 과제의 특성과 데이터 분석을 통해 적합한 알고리즘을 선택하며, 최종 데이터 세트에서 중요하고 의미 있는 피처를 선별하는 피처 엔지니어링을 수행한다. 이러한 작업과 학습을 반복적으로 하면서 AI 모델을 개발한다. AI 모델의 정확도를 향상시키기 위해서는 AI 엔지니어뿐만 아니라 데이터 분석가와 데이터 엔지니어가 계속해서 협력하며 작업해야 한다.

이러한 역할들은 머신러닝의 세 가지 핵심 요소처럼 서로 조화롭게 진행되어야 한다. 한가지 역할이라도 부족하면, 전체 프로젝트의 일정과 품질에 큰 영향을 미칠 수 있다. 다행히 이러한 작업을 자동화해주는 AI 플랫폼이 있어서 이전처럼 처음부터 모든 것을 새로 시작하는 어려움을 줄여주고 있다.

12

AI를 기업에 적용하는 방법

　많은 이들이 'AI를 적용하고 싶지만 어떻게 접근해야 할지 막막하다', '기술 중심으로 접근해야 하는지, 비즈니스 중심으로 접근해야 하는지, 과제마다 매번 새로 개발해야 하는지, 아니면 어떤 공통 기능을 만들어서 재사용해야 하는지' 등 다양한 고민을 토로하곤 한다. 이러한 고민을 해결하는 한 가지 방법은 〈그림 23〉을 활용하여 AI와 산업의 구조를 통해서 AI에 접근하는 방식을 개략적으로 파악해 보는 것이다.

　〈그림 23〉을 살펴보면, 가장 하단에 코어 AI 기술이 있다. 이 코어 AI 기술이 결합하여 공통 솔루션을 형성하고, 공통 솔루션이 모여서 애플리케이션과 유즈케이스를 만들며, 최종적으

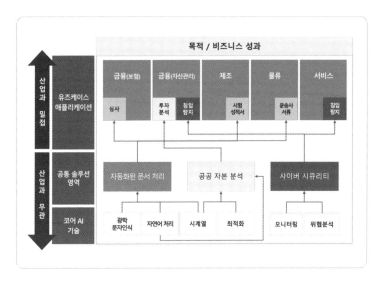

〈그림 23〉 AI 기술과 산업과의 구조

로는 비즈니스 목적과 성과를 지향하는 구조가 된다.

AI 과제를 수행할 때 하향식 또는 상향식의 두 가지 방식 중 하나를 이용한다.

첫 번째는 목적이나 비즈니스 성과에서 시작하여 유즈케이스를 정의하고, 그와 관련된 애플리케이션, 공통 솔루션, 코어 AI를 하향식으로 정의하는 구조다.

두 번째는 코어 AI 기술을 모아 공통 솔루션을 구축하고, 이를 토대로 애플리케이션과 유즈케이스를 만들어가는 상향식이다.

AI 적용 방식을 잘 이해하고 있으며 명확한 과제와 목적이 있을 때는 첫 번째 하향 방식을 통해 비교적 신속하게 목표를 달성할 수 있다. 그러나 관련 코어 AI 기술 역량이 부족할 때는 프로젝트에 앞서 관련 역량을 강화하거나 전문 인력을 확보해야 한다.

상향식은 현재 내부에 보유하고 있는 역량을 활용하여 과제를 추진하는 방식으로, 비교적 쉽게 상위 목적을 달성할 수 있다. 하지만 달성하고자 하는 비즈니스 목적은 해당 조직이 보유한 코어 AI 기술에 따라 제약을 받을 수 있다. 따라서 이럴 때는 다른 코어 AI 기술로 역량을 확대하고 관련 인력을 확보해야 한다.

어떤 방식이 정답인지 명확하진 않지만, 자원과 경험이 부족한 초기에는 상향식이 더 현실적으로 보이며, 경험과 역량이 쌓이면 첫 번째 하향식이 더 효과적일 것이다.

다른 관점으로 〈그림 23〉을 설명하면, 코어 AI 기술에는 일종의 알고리즘이라고 할 수 있는 광학 문자 인식, 자연어 처리, 시계열 등이 포함되어 있다. 이러한 코어 AI 기술이 결합하여 공통 솔루션이 되는데 이것이 바로 AI 모델이다. '자동화된 문서 처리'라는 공통 솔루션은 광학 문자 인식, 자연어 처리, 시계열의 알고리즘으로 이루어져 있다. '공공 자본 분석'과 '사이버 시큐리티'라는 공통 솔루션도 관련 코어 AI 기술을 활용하여 구성된다.

공통 솔루션은 다양한 애플리케이션에 활용될 수 있다. 코어 AI 기술로 내려갈수록 산업과는 무관한 공통 기술의 성격을 띠며, 유즈케이스와 애플리케이션으로 올라갈수록 산업과 밀접한 관련성을 갖게 된다. 예를 들어, 자동화된 문서 처리 공통 솔루션은 보험 산업에서는 '심사', 제조산업에서는 '시험성적서', 물류 산업에서는 '운송사 서류' 등 다양한 애플리케이션에서 활용되며, 사이버 시큐리티 공통 솔루션은 금융과 서비스를 비롯한 다양한 산업에서 사용된다. 따라서 AI 사업을 하는 기업이 산업과 무관하게 여러 분야에서 쓸 수 있는 공통 솔루션을 보유한다면, 고객의 다양한 요구에 유연하게 대응할 수 있다.

챗GPT가 등장하면서 머신러닝에 대한 관심이 줄어든 느낌이 있지만, 머신러닝 기반의 학습을 통해 개발된 AI 모델은 기업의 다양한 이슈를 해결하는 데 매우 유용하다. 생성형 AI 서비스는 사용자에게 텍스트나 이미지 등을 생성하는 서비스를 하지만, 실제로 기업의 업무 최적화, 효율화, 원가 절감과 관련해서는 머신러닝이 핵심적인 역할을 수행하기 때문에, 계속 머신러닝에 관심을 가지고 업무에 확대·적용할 필요가 있다.

Chapter 4

디지털 전환의 핵심 기술
- 생성형 AI

01

생성형 AI의 개념

생성형 AI는 영어로 Generative AI라고 한다. 가끔 생성형 AI 대신 챗GPT로 언급되는 때도 있지만, 챗GPT는 오픈AI에서 만든 생성형 AI의 챗봇 서비스 이름이다. 생성형 AI를 설명할 때 '초거대 AI'나 'LLMLarge Language Model, 대규모 언어 모델', '파운데이션 모델' 등 다양한 용어가 혼용되기도 하므로 먼저 이 용어들의 정의부터 살펴보자.

위키피디아에 따르면, '생성형 AI는 생성형 모델을 사용하여 텍스트, 이미지, 또는 다른 미디어 등을 생성할 수 있는 인공지능'이라고 정의한다. 즉, 생성형 AI 모델은 입력된 학습 데이터의 패턴과 구조를 학습하고, 유사한 특성을 갖는 새로운 데이터를 생성하는 인공지능이다.

2020년 초반에는 트랜스포머 기반의 심층 신경망이 발전하면서 여러 생성형 인공지능 시스템이 등장했다. 챗GPT, 코파일럿, 바드, 라마와 같은 대규모 언어 모델 기반 챗봇뿐만 아니라, 스테이블 디퓨전, 미드저니, 달리처럼 텍스트를 이미지로 변환하는 인공지능 아트 시스템이 개발되었다. 현재 생성형 AI는 이미지 생성, 이미지 변환Image-to-Image, 텍스트의 이미지 변환Text-to-Image, 텍스트의 구어체 변환Text-to-Speech, 오디오 생성, 비디오 생성, 이미지·비디오 해상도 향상 등 다양한 기능을 수행할 수 있다.

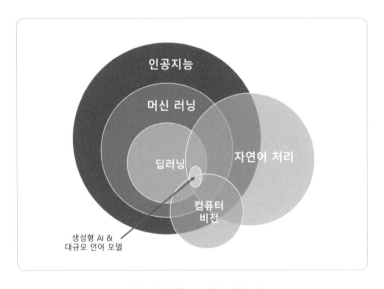

〈그림 24〉 생성형 AI & 대규모 언어 모델

생성형 AI의 본질은 뭔가를 만들어내는 인공지능이라는 점이다. 텍스트, 이미지, 오디오, 비디오 등 다양한 미디어를 생성하는 능력을 갖춘 AI로, 이는 대규모 언어 모델인 생성형 모델을 기반으로 한다.

생성형 AI는 딥러닝에 속하며, 특히 텍스트 생성 기능이 많이 활용되기 때문에 자연어 처리 기술이 사용된다. 자연어 처리 기능은 사람이 사용하는 자연어의 의미를 분석하여 컴퓨터가 이를 이해하고 처리할 수 있도록 하는 기술이다. 이미지 생성을 담당하는 생성형 AI는 컴퓨터 비전과 관련이 있다. 컴퓨터 비전은 이미지 인식, 물체 인식, 처리 등을 다루는 AI 코어 기술 중 하나다. 간단히 말하면, 생성형 AI와 대규모 언어 모델은 딥러닝, 자연어 처리, 컴퓨터 비전의 결합으로 이루어져 있다.

가트너는 '생성형 AI란 무엇인가?What is Generative AI?'에서 생성형 AI의 범위를 다음과 같이 간략하게 설명하고 있다. 가장 상위에 생성형 AI가 있으며, 그 하위에 파운데이션 모델과 대규모 언어 모델이 위치하고, 마지막으로 챗GPT와 같은 챗봇 서비스가 있다.

이러한 범위를 토대로 가트너는 생성형 AI를 '기존에 존재하는 인공물에 관한 데이터를 학습하여 새로운 인공물을 생성하는 데 사용되는 AI 기술'로 정의한다. 이 정의에 따르면, 파운

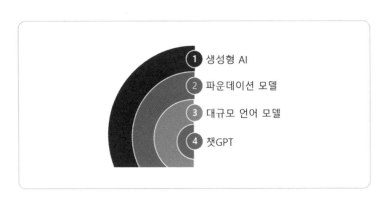

〈그림 25〉 생성형 AI의 범위

데이션 모델은 '레이블링이 되지 않은 광범위한 데이터 세트로 학습하고 다양한 애플리케이션에 맞게 미세 조정된 거대 머신 러닝 모델'이다. 여기에서 '레이블링이 되지 않았다'라는 말은 비지도 학습을 의미한다. 그리고 파운데이션 모델은 대규모 언어 모델처럼 텍스트를 생성하는 모델, 달리 2나 미드저니와 같이 이미지를 생성하는 모델, 그리고 텍스트와 이미지를 모두 생성할 수 있는 대규모 멀티 모달 모델을 포함한다.

대규모 언어모델LLM은 '사람과 유사하게 텍스트 형태의 결과물을 생성하고 해석하기 위해 대규모의 텍스트를 학습한 AI' 로 정의된다. 따라서 언어(텍스트)를 생성하는 모델인 LLM은 파운데이션 모델의 한 종류로 볼 수 있다.

챗GPT는 LLM을 활용하여 콘텐츠를 생성하는 대화형 챗봇을 포함하는 오픈AI의 서비스를 의미한다.

챗GPT의 개념 및 특징

챗GPT가 처음 등장했을 때 사용자들은 챗GPT의 놀라운 능력에 큰 충격을 받았다. 사용자의 질문에 탁월한 답변을 제공할 뿐만 아니라, 기존의 검색과는 비교할 수 없이 다양한 언어로 응답할 수 있어 일부에서는 '인간을 능가하는 AI가 등장했다'라는 반응도 있었다. 3M의 스카치테이프가 고유명사지만 거의 일반 명사화한 것처럼, 초기에는 챗GPT와 유사한 서비스를 모두 챗GPT로 통칭하여 부를 정도였다. 그러나 챗GPT는 오픈AI의 고유명사이므로 이후에는 이를 일반 명사인 '생성형 AI'로 부르기 시작했다.

잘 알고 있듯이 챗GPT는 오픈AI라는 회사에서 개발했다.

오픈AI는 2015년 12월에 샌프란시스코에서 비영리 AI 연구 기관으로 설립되어 현재는 OpenAI, Inc라는 비영리 기관과 그 산하에 OpenAI Global, LLC라는 영리 목적의 법인을 두고 있다. 초기 이사회 멤버로 일론 머스크가 참여하기도 했다. 2023년 11월 17일에 CEO인 샘 알트먼이 이사회에 의해 축출당한 후 4일 뒤에 복귀하면서 이사회 멤버가 전원 교체되는 소동을 겪기도 했다.

MS는 오픈AI와 챗GPT의 잠재력을 인식하고 2019년에 10억 달러를 투자하며 협력을 시작했고, 2023년에는 100억 달러를 추가로 투자했다. 이 투자액 중 상당 부분은 MS 애저 클라우드 사용료를 지원하는 데 사용되었다고 알려져 있다.

GPT는 Generative Pre-trained Transformer의 약자로, 챗GPT가 작동하는 배경에는 GPT라는 대규모 언어 모델, 즉 LLM이 존재한다. 오픈AI는 GPT-3.5와 GPT-4.0에 이어 GPT-4o라는 LLM을 개발했다. 챗GPT는 이러한 대규모 언어 모델을 기반으로 작동하는 챗봇이다.

Generative는 생성형이라는 뜻으로, 문장, 이미지, 음성 등을 생성하는 개념을 나타내며, Transformer는 오늘날의 생성형 AI를 탄생시킨 알고리즘이다. Pre-trained는 '미리 훈련된 또는 미리 학습된'이라는 의미가 있다. 한 마디로 GPT는 '미리 학습된 트랜스포머로 만든 생성형 모델'을 지칭하는 것이다.

AI 모델을 개발하는 과정에는 업무 분석, 데이터 분석·수집, 학습용 데이터 세트 확정, 모델 학습, 성능 측정 및 향상 과정이 포함된다. 이러한 과정은 시간이 오래 걸리고 많은 시행착오를 수반한다. 그러나 Pre-trained 방식은 이미 만들어진 AI 모델을 활용하는 것으로 맨땅에서 시작하는 것이 아니다. 따라서 AI 과제가 미리 학습된 모델과 관련이 있다면, 기존에 개발된 AI 모델을 활용하는 것이 효과적일 수 있다. 이는 보고서를 작성할 때, 기존 보고서를 수정하여 사용하는 것이 더 빠르고 완성도가 높게 작성할 수 있는 것과 같다.

챗GPT는 텍스트로 질문하고 텍스트로 답을 받는다. 따라서 어디에 적용되든 기본 구조는 같다. 다시 말해 질문 대상이 달라질 수는 있지만, 답을 주고받는 구조는 일정하게 유지된다. 이러한 특성 덕분에 챗GPT는 다양한 영역에 범용적으로 적용될 수 있다.

챗GPT는 'Pre-trained 모델'이다. 그 이유는 챗GPT를 사용자들이 별도로 학습시키는 것이 아니라, 인터넷에 있는 다양한 텍스트로 미리 학습시켰기 때문이다. 즉, 학습된 모델을 사용하기 때문이다.

챗GPT는 LLM과 RLHF_{Reinforcement Learning with Human Feedback}라는 2가지 방식을 조합하여 개발되었다. LLM에 저장되는 모든 단어와 단어의 관계는 숫자로 부여되어 다음 단어를 예측하는 작업을 수행한다. 이 기능은 MS오피스의 자동 완성과 유사하다. 그래서 어떤 사람은 챗GPT를 다음 단어를 맞추는 기능이라고 표현하기도 한다.

RLHF는 '인간의 피드백을 통한 강화 학습'으로 설명된다. 챗GPT가 처음에는 부정확하거나 이상한 답변을 많이 했지만, 사람들의 평가와 피드백을 받아서 정확도가 크게 향상되었다. 사용자가 이상한 답변을 지적하고 교정하면, 모델이 이를 학습하여 성능을 높이는 식으로 인간의 피드백을 반영하면서 계속 학습을 했다.

챗GPT는 〈그림 26〉처럼 사용자가 채팅 앱을 통해 질문하고 답을 받는 구조다. 질문에 대한 답은 GPT-4.0과 같은 LLM이 생성하며, 해당 LLM은 학습용 데이터를 기반으로 개발되었다. 채팅 앱은 사용자 인터페이스와 사용자경험을 관리한다.

LLM과 생성형 AI 서비스는 분리해서 이해해야 한다. 간단

〈그림 26〉 생성형 AI의 범위

히 말하면, LLM은 대규모 데이터 세트에서 얻은 지식을 활용하여 텍스트와 다양한 콘텐츠를 인식하고 요약, 번역, 예측, 생성할 수 있는 딥러닝 모델을 제시한다. 여기서 '대규모'는 훈련용 데이터 세트의 크기를 나타낸다. LLM의 버전이 올라갈수록, 인프라 규모가 커질수록, 대규모의 정의는 계속 확대되고 있다.

03

생성형 AI의 종류

챗GPT의 출시와 함께 주목받는 회사는 MS다. MS는 두 차례에 걸쳐 오픈AI에 전략적인 투자를 하면서 시장 판도를 크게 변화시켰다. MS는 퍼블릭 클라우드 시장에서 AWS에 밀려 한때 어려움을 겪었지만, 오픈AI에 대한 전략적 투자를 통해 시장을 주도하고 있다. 그 결과 AWS와 구글이 MS에 시장 주도권을 빼앗겼다는 평가가 지배적이다.

MS는 오픈AI에 전략적으로 투자해 오픈AI가 직접 제공하는 챗GPT를 제외한 모든 챗GPT 서비스가 MS 애저에서만 운영되도록 했다. 이로써 MS 애저에서 실행되는 챗GPT를 통한 모든 질의응답 관련 비용은 MS의 매출로 이어진다. 이 서비스는

'MS 애저 오픈AI'로 알려져 있다. 처음에는 많은 기업이 내부 데이터를 오픈AI의 챗GPT와 직접 연동하여 업무 효율성을 향상하려고 했다. 하지만 보안 문제를 비롯한 다양한 이슈를 맞닥뜨리자 MS 애저 오픈AI를 사용하기 시작했다. 이유는 MS 애저 오픈AI가 기업의 환경에 맞추어 쉽게 구성할 수 있기 때문이다. 그 결과 MS 애저 오픈AI가 기업을 위한 생성형 AI 솔루션으로 널리 인정받고 있다.

MS는 또한 챗GPT의 기능을 자사 솔루션에 통합하여 '코파일럿'이라는 제품을 출시했다. 사용자가 코파일럿에 보고서 내용을 설명하고 작성을 지시하면, 코파일럿이 MS워드 보고서를 자동으로 생성해준다. 엑셀을 사용할 때도 숫자 데이터를 활용하여 다양한 분석이 가능한 차트를 만들어주며, 파워포인트 슬라이드도 자동으로 생성해준다. 코파일럿에 개략적인 핵심을 전달하여 워드 보고서를 작성시키고 이를 기반으로 파워포인트 슬라이드를 작성해 달라고 명령하면, 짧은 시간에 중급 이상의 품질을 가진 문서를 만들 수 있다. 나아가 이메일 작성, 화상회의와 협업 도구인 팀즈 사용 결과를 문서로 만들어주는 등 업무 생산성의 혁신이 기대된다.

구글은 자사의 LLM인 람다LaMDA와 팜을 기반으로 바드(제미나이로 이름 변경)라는 인공지능 검색 서비스를 제공하고 있다. 오픈AI의 챗GPT 등장으로 가장 큰 혜택을 본 회사는

MS지만, 가장 큰 타격을 입은 회사는 구글로 볼 수 있다. 기존에 검색 트래픽으로 광고 수입을 얻고 있던 구글은 답을 제공하는 챗GPT 등장으로 검색 트래픽이 감소할 것을 우려하고 있다. 이로 인해 구글의 광고 수입도 줄어들 것으로 예상하기 때문이다. 글로벌 리서치 전문기관인 스태티스타Statista에 따르면, 2023년 기준으로 전 세계 검색 광고 시장 규모는 약 2,790억 달러로 추산되며, 시장 점유율이 1% 낮아지면 약 27억 달러의 손실이 발생할 것으로 전망된다. 이에 따라 구글 CEO인 선다 피차이Pichai Sundararajan는 내부에서 '코드 레드' 경고를 발령하고 챗GPT에 시장 주도권을 빼앗기지 않기 위해 노력하고 있다.

구글이 제공하는 제미나이 서비스는 챗GPT와 유사한 UI로 질문과 답을 주고받을 수 있다. 성능 논란이 있지만, GPT-4를 넘어서기 위해 노력하고 있다. 그뿐만 아니라 구글은 생성형 AI 기능을 기존 서비스에 통합하여 이메일이나 문서를 자동으로 작성해주는 서비스도 출시하여 MS의 코파일럿과 경쟁을 준비하고 있다.

페이스북으로 유명한 메타도 라마2Llama2라는 LLM을 공개하여 다른 개발자들이 사용할 수 있게 하고 있다. 그 외 많은 기업에서도 자체 LLM을 출시하고 있는데, AWS의 타이탄Titan, 알리바바의 큐원QWEN, 네이버의 하이퍼크로바

회사명	국가	모델명
오픈AI	미국	GPT
구글	미국	람다
메타	미국	라마2
알리바바	중국	큐원
AWS	미국	타이탄
네이버	한국	하이퍼크로바 X
카카오	한국	코지피티
LG	한국	엑사원
삼성전자	한국	가우스

〈표 7〉 주요 회사별 LLM 모델

X HyperCLOVA X 등이 있다.

　AWS는 생성형 AI 분야에서 기존 기업과는 다른 전략을 채택하고 있다. 비록 2023년 11월에 처음 공개된 자사의 모델인 타이탄이 있지만, 챗GPT와 직접 경쟁을 하기에는 거리가 멀다. 이런 사정 때문에 AWS는 자신의 강점을 활용하는 전략, 즉 모든 LLM이 AWS에서 운영될 수 있는 서비스를 제공하는 전략에 집중하고 있다. 예를 들어, MS 애저에서는 챗GPT만 사용할 수 있지만, AWS는 메타의 라마2를 AWS에서 활용할 수 있도록 하는 등 AWS가 모든 종류의 LLM을 품는 전략으로 새로운 경쟁에 대비하고 있다. MS 애저도 GPT 이외의 다양한 LLM을 운영할 계획이라고 한다. 이러한 경향은 경쟁이 새로운 차원으로 진화하고 있음을 시사한다.

　한국에서는 네이버가 주목받고 있다. 네이버는 인공지능 분야에 많은 인력과 투자를 기울이고 있지만, 글로벌 기준에서 아직 미흡한 것이 사실이다. 네이버는 자사의 LLM 모델인 하이퍼크로바 X를 개발했다. 전 세계적인 빅테크 기업과 비교했을 때 규모 면에서는 밀리지만, 한글 언어 영역에서 학습량과 콘텐츠 측면에서 경쟁에 뒤지지 않는다고 강조한다. 그러나 글로벌 기업들의 LLM이 계속 발전하는 상황에서 언제까지 한글 분야에서의 경쟁력을 유지할 수 있을지는 불투명하다. 따라서 네이버는 한글이라는 독특한 특성 이외에 글로벌 범용 LLM이 갖지 못하는 영역에서 차별화된 경쟁력을 쌓을 필요가 있다.

04

LLM과 sLLM

LLM은 말 그대로 대규모 언어 모델이다. 인터넷에 있는 텍스트를 수집하여 학습하기 때문에 엄청난 규모의 GPU가 필요하며 한 번 학습하는 데 상당한 비용이 든다. 이런 이유로 범용적인 LLM을 개발하는 것은 막대한 비용을 투자할 수 있는 극소수의 회사만이 가능한 프로젝트다. AI는 기술적인 경쟁뿐만 아니라 이제는 자원의 규모에서도 경쟁을 하는 상황이다. 한국에서는 이런 대규모 범용 LLM을 개발하기가 쉽지 않다. 많은 전문가는 대규모 AI 개발은 미국과 중국의 경쟁이 될 것으로 예상한다.

이렇게 개발된 LLM은 일반 기업에서 바로 업무용으로 사용하기가 어렵다. GPT에 기업의 업무 데이터를 포함하여 학습시키는 것이 불가능하기 때문이다. 그럼에도 많은 기업에서 챗GPT를 적용하여 업무 효율성을 높이려고 시도하는 과정에서 챗GPT 초기에는 생각하지 못했던 보안 이슈가 발생하기도 했다. 챗GPT의 질의응답은 오픈AI에 저장되는데, 이를 모르는 일부 기업의 직원이 기밀 정보가 포함된 질문을 하여 이슈가 되기도 했다. 저장된 질의응답은 향후 GPT 버전을 업그레이드할 때 학습에 사용될 수도 있고, 저장된 내용이 앞으로 어떻게 활용될지 예상할 수 없어 보안에 대한 우려가 커지면서, 챗GPT 사용을 금지하는 사례가 늘어나고 있다.

LLM이 강력하긴 하지만, 회사에서 원하는 데이터를 학습시키기 어려울 뿐 아니라 보안 이슈도 있어서 사내 업무에 활용하기가 어렵다. 하지만 이러한 고민은 소규모 언어 모델인 sLLM이 등장하면서 부분적으로 해결할 수 있게 되었다.

sLLM은 작은 규모의 언어 모델로 기업에서 보안을 유지하면서도 원하는 내용을 학습시킬 수 있는 모델이다. LLM은 범용적 모델로 데이터 세트가 매우 커서 학습에 상당한 비용이 수반되며, 기업에 맞게 커스터마이징하기 어렵다는 단점이 있다. 반면에 sLLM은 범용 목적이 아니기 때문에 반드시 대규모로 학습시킬 필요가 없다. 말을 생성하는 기능은 기본 언어 모델을 사용하되 기업에서 필요한 데이터 세트로 학습시킬 수 있

구분	LLM(대규모 언어 모델)	sLLM(소형 대규모 언어 모델)
크기(파라미터)	1천억 개	1,500만 개 미만
최소 계산 요구 사항	수백 개의 GPU 프로세서	모바일 디바이스의 프로세서
성능	복잡하고 다양한 업무들 수행	단순 작업부터 특정 영역의 복잡한 업무 가능
배포	대규모 인프라 필요	자원 제약상황에서도 쉽게 배포
학습 시간	수개월	1주일
예시	오픈AI GPT-4, 구글 람다, 네이버 하이퍼클로바X 등	메타 라마, 스탠퍼드대 알파카, 데이터브릭스 돌리 등

〈표 8〉 LLM과 sLLM 비교

다. 이는 기존 LLM에서 학습이 안 되는 문제를 해결할 뿐만 아니라, 소규모 모델이라 대규모 GPU가 필요 없고 큰 비용이 들지도 않는다. 그리고 sLLM에서 이뤄지는 질의응답이 외부에 노출되지 않아 보안 이슈도 해결할 수 있다.

메타의 라마를 기반으로 한 스탠퍼드 대학교의 알파카Alpaca와 알파카를 모델로 삼은 데이터브릭스의 돌리Dolly는 대표적인 sLLM이다. 참고로 메타의 라마는 오픈소스 형태로 제공되어 원하는 개인이나 조직에서 언제든지 쉽게 활용할 수 있다.

이러한 sLLM의 장점에 주목하여 많은 기업이 모바일 디바이스에 sLLM을 적용하기 위해 노력하고 있다. 대규모의 GPU를 활용하여 만든 LLM을 단일 회사에서도 운영할 수 있도록 sLLM을 만들었는데, 여기에서 한 걸음 더 나아가 모델을 sLLM보다 더 작게 구성해서 모바일에서 사용할 수 있게 하는 것이다. Mobile sLLM이라고 표현해도 무방한 이 모델은, 기존 sLLM보다도 더 작은 일부 영역에 필요한 전문 기능을 적용하는 것이라서, 규모가 작더라도 해당 영역에서는 LLM보다 더 뛰어난 성능을 발휘할 수 있다. 예를 들어, 많은 사람이 스마트폰으로 사진과 동영상을 찍거나 이모티콘을 채팅에 활용하기 때문에 sLLM을 이러한 기능에 적용한다면, 이미지 생성이 가능하고 다양한 채팅 메시지나 이메일을 생성할 수 있어 스마트폰 사용자에게 큰 관심을 끌 것으로 예상된다.

삼성전자는 AI 기능을 탑재한 갤럭시 S24 시리즈를 출시했다. S24 시리즈는 자체 LLM인 가우스와 구글의 제미나이를 활용하여 다양한 기능을 제공한다. 중국용 갤럭시 S24 시리즈에는 바이두의 LLM 어니ERNIE를 탑재하여 시장에 맞는 전략을 적용하고 있다. 예를 들어, 카메라로 찍은 사진에 원을 그리면 해당 부분을 검색해주는 기능, 실시간 통화 통역, AI 요약, 글쓰기 보조 기능을 제공한다.

2024년 CES에서 엣지 AI가 화두로 떠올랐다. 엣지 AI는 모바일 단말기에 AI 기능이 내장되어 서버나 클라우드에 연결하지 않아도 작동하는 개념이다. 이는 통신으로 인한 지연을 방지하기 위한 것으로, AI 기능을 사용할 때마다 네트워크에 의존하지 않아도 되기 때문에 응답 속도가 빠르다는 장점이 있다. 즉, 엣지 AI는 네트워크 트래픽에 부하가 걸리거나 장애가 발생하더라도 이에 영향을 받지 않고 모바일 엣지에서 AI 기능을 사용할 수 있도록 개발한 모델이다.

sLLM을 선정하기 위해서 다양한 모델을 테스트한 적이 있는데, 모델마다 성능 편차가 컸다. 성능이 떨어지는 모델도 있고 성능은 좋지만 한글 지원 기능이 부족한 모델도 있었다. 한글 지원은 국내 기업이 sLLM을 선정하는 중요한 기준이기 때문에 한글 관련 문제는 시간이 지나면 개선될 것으로 예상된다.

기업이 자사의 데이터를 sLLM에 학습시키면, 범용 LLM에서는 얻을 수 없었던 효과를 기대할 수 있다. 보험금 청구나 설비 예지보전과 같은 내용을 학습시키면, 챗봇을 통해 자연어로 질문하고 답변할 수 있다. 사람이 IT 시스템을 직접 조회해서 판단할 수도 있지만, 자연어로 현재 상태를 손쉽게 물어볼 수 있다. 외부 사이트나 다른 시스템과 연동하여 깊이 있는 답변을 할 수도 있다.

최근에 주요 기업들이 자체 sLLM을 보유하기 위해 노력하고 있다. 그 이유는 무엇일까? 첫째, 범용적인 내용보다는 자신의 기업과 관련한 내용에 집중하여 이를 업무에 활용하기 위해서다. 둘째, 생성형 AI의 장점을 살리면서도 보안 이슈를 극복하기 위해서다. 셋째, IT 서비스 회사들은 이런 sLLM을 솔루션으로 만들어 기업에 판매하기 위해서다.

시중에 사용되는 LLM을 업무에 적용하고 유지하는 일도 쉽지 않지만, 자체 sLLM을 구축하기도 쉽지 않은 일이다. 상당한 지식과 역량, 경험이 풍부한 전문가들이 필요하며 대기업이라 하더라도 원하는 수준의 전문가를 확보하기 어렵다. 그러나 기술이 발전하고 사용성이 개선되면서 많은 기업이 자체 sLLM을 구축하려는 노력을 지속할 것으로 전망된다.

05

RAG

RAG는 영어로 Retrieval Augmented Generation 이다. 이를 한국어로 풀면 '검색 증강 생성'이라고 하는데, 단어만으로는 그 의미가 명확하게 전달되지는 않는다. RAG는 한 마디로 사용자가 질문을 했을 때 바로 대규모 언어 모델이 답을 하는 것이 아니라, 응답을 생성하기 전에 학습 데이터 소스 외부에 있는 신뢰할 수 있는 지식 베이스를 참조하여 답하는 방식을 의미한다.

일반 기업에서 대규모 언어 모델인 LLM을 학습시키기는 불가능하다. 다만 RAG 방식을 활용하면 LLM을 학습시키는 것과 유사한 효과를 얻을 수 있다. LLM 외부에 사용자가 질의응답을 하고자 하는 분야를 지식 베이스로 설정하고 챗봇을 통해 질문을 하면, 지정된 지식 베이스를 검색하여 답변을 생성해준다. 이는 생성형 AI의 장점인 질문 이해와 답변 생성 기능을 활용하면서도 질문 대상을 명시적으로 지정하여 특정 분야에 대한 질의응답이 가능한 방식이다. 참고로 생성형 AI는 말뭉치 처리를 탁월하게 수행한다. 말뭉치란 '언어 연구를 위하여 컴퓨터가 텍스트를 가공·처리·분석할 수 있는 형태로 모아 놓은 자료의 집합'을 의미한다. 어려운 질문에도 챗GPT는 논리적이고 합리적으로 보이는 답변을 생성하는데, 이는 말뭉치 처리 기능이 우수하기 때문이다.

필자의 회사는 RAG 방식을 활용한 지식 베이스 기반 챗봇을 실제 업무에 적용하고 있다. 하도급법 지식 베이스가 대표적인 예다. 법무팀이나 구매팀은 하도급법을 잘 이해하고 있지만, 다른 직원은 하도급법 조항을 찾으려면 일일이 인터넷을 검색해야 한다. 막상 인터넷 검색을 하면 검색 결과가 다양하게 나오는데, 어떤 내용을 참고해야 할지 선택하기가 어렵고 원하는 내용을 찾기도 어려울 뿐 아니라 조문을 해석하기도 어렵다.

이러한 불편함을 해소하기 위해 법령을 파일로 작성한 후 문장을 적절한 덩어리로 잘라서 벡터 데이터베이스에 임베딩하는 작업을 수행하면, 사용자가 챗봇을 통해 법에 관해 질문할

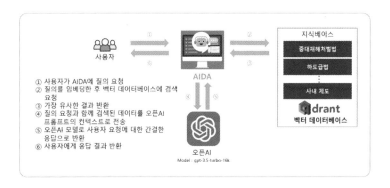

① 사용자가 AIDA에 질의 요청
② 질의를 임베딩한 후 벡터 데이터베이스에 검색 요청
③ 가장 유사한 결과 반환
④ 질의 요청과 함께 검색된 데이터를 오픈AI 프롬프트의 컨텍스트로 전송
⑤ 오픈AI 모델로 사용자 요청에 대한 간결한 응답으로 반환
⑥ 사용자에게 응답 결과 반환

〈그림 27〉 RAG의 구조

때 내부적으로 처리를 거친 후 자연어로 답변을 제공한다.

〈그림 27〉은 필자의 회사가 운영 중인 생성형 AI 기반 챗봇 AIDA(AI+DA, 에이다)의 RAG 구성도이다. MS 애저 오픈AI의 GPT-3.5를 사용하고 채팅 앱과 기타 기능은 직접 개발했다. 하도급법 외에도 다양한 법규와 규정을 포함하여 RAG 방식의 챗봇을 사용하고 있는데, 이전과 비교해 장점이 많다. 무엇보다도 사용자들이 여기저기 찾아다니지 않아도 되는 점, 모든 문의가 일원화된 점, 기존 챗봇과 비교해 정확도가 높은 점, 자연어로 편하게 질문해도 답변을 받을 수 있다는 점이 특히 장점으로 꼽힌다.

기존 챗봇은 미리 시나리오와 다양한 케이스를 준비해야 한다. 사용자의 질문 경향을 조사하거나 이전 대화를 분석하여 예상되는 Q&A를 미리 준비해야 하는 룰 기반 시스템이라서 예상하지 못한 질문에는 답하기가 어렵다. 사용자의 질문에 제대로 답변하지 못하면, 사용자는 그 서비스를 외면한다. 이에 반해 RAG 방식은 미리 정의된 시나리오가 아닌 특정 데이터 소스를 검색하여 답변을 생성하므로 기존 챗봇보다 더 경쟁력이 있다.

06

벡터화(임베딩)

'하도급법', '중대 재해 처벌법', '사내 제도' 등과 같이 사용자가 답을 얻기 위한 질문 대상을 지식 베이스로 구성한다고 해서 다 끝나는 것이 아니다. 〈그림 28〉과 같이 벡터 데이터베이스에 단어와 단어 사이, 문장과 문장 사이의 관계를 수치화해서 저장해야 한다. 다른 말로 표현하면, 자료(문서 파일 또는 데이터베이스)를 준비해서 임베딩이라는 작업을 수행해야 한다. 임베딩은 한마디로 자연어의 특징을 추출하여 수치화하는 작업으로 벡터화라고도 한다.

임베딩은 워드Word 임베딩과 센텐스Sentence 임베딩으로 나뉘는데, 단어와 단어 사이, 문장과 문장 사이를 수치로 표현한

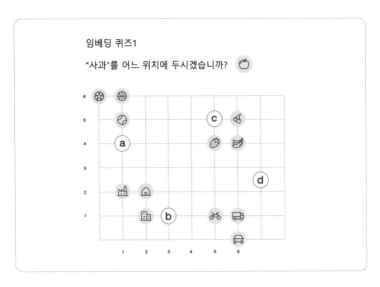

<그림 28> 워드 임베딩의 개념 1

것이다. 유사한 항목을 나타내는 단어와의 거리는 가깝게, 완전히 다른 의미를 가진 단어와는 멀리 떨어지게 표현한다. 이러한 벡터를 분석하면 단어와 단어 사이의 관계를 파악할 수 있다.

챗GPT가 처음 등장했을 때, 단어와 단어 사이의 관계를 모두 수치화해서 저장했다고 설명하는데 이것이 바로 벡터화이다. 물론 다양한 언어의 단어와 단어 사이의 관계를 벡터화하려면, 대용량의 GPU 인프라가 필요하고 이 작업은 당연히 오랜 시간이 걸린다.

〈그림 28〉은 효과적인 워드 임베딩을 퀴즈 형태로 설명한 자

료다. 그림의 왼쪽 위에는 축구공, 농구공, 야구공이 있다. 왼쪽 아래는 집, 사무실, 공장이 있다. 오른쪽 위는 과일이 있고 오른쪽 아래는 운송 수단이 있다. 이런 상태에서 '사과'를 어디에 배치해야 할까? 아마도 대부분 'c'라고 답할 것이다. 이것이 바로 워드 임베딩의 기본 개념이다. 사과가 놓인 'c'를 숫자로 표현하면 (5, 5)이며, 자전거는 (5, 1)로 표현된다. 비슷한 종류는 거리가 가깝다. 딸기와 바나나 사이의 거리는 가깝고, 딸기와 자전거 사이는 거리가 멀다. 서로 유사한 단어 사이의 벡터는 가깝고, 그렇지 않은 단어 사이의 벡터는 멀게 표현된다. 가깝다는 의미는 다른 말로 하면 사과라는 단어가 나오면 딸기가

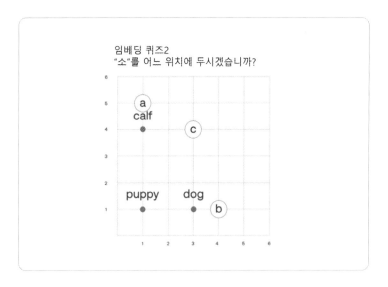

〈그림 29〉 워드 임베딩의 개념 2

언급될 확률이 자전거보다는 높다는 의미다.

〈그림 28〉은 단어 간의 유사성을 보여주지만 〈그림 29〉는 단어 간의 관계에 기반한 거리를 나타내고 있다. 강아지와 개는 가로축 방향으로 2칸의 거리 차이가 있으며, 송아지는 강아지로부터 세로축 방향으로 3칸 떨어져 있다. 여기서 소를 어디에 배치해야 하는지 묻는 퀴즈가 있다. 정답은 'c'다. 가로축은 나이를 나타내고 세로축은 크기를 나타낸다. 어린 새끼와 다 자란 동물 간의 벡터 차이가 가로축 방향으로 2이기 때문에 송아지에서 가로축 방향으로 2를 가서 나이를 먹게 되면 소가 된다. 만약 고래를 표현하고자 한다면, 크기가 소보다 크므로 'c'에서 세로축 상단으로 이동해야 한다. 대략 숫자로 표현하면 $(3, 6)$ 이상이 될 것이다.

센텐스 임베딩은 문장 간의 거리를 수치화해서 저장하는데, '좋아한다', '사랑한다', '귀엽다'와 같은 문장이 함께 모여 있고, '관찰한다', '본다', '응시한다'와 같은 문장도 서로 근처에 모여 있다. 생성형 AI가 외국어를 비교적 정확하게 번역할 수 있는 것은 이러한 임베딩의 원리 때문이다.

07

프롬프트 엔지니어링

챗GPT와 같은 생성형 AI 서비스를 활용하여 질문할 때 한 번에 멋진 답을 받기도 하지만, 만족스럽지 않을 때는 여러 번 비슷한 질문을 시도하기도 한다. 이때 흥미로운 점은 같은 질문을 하더라도 챗GPT가 조금씩 다른 답변을 한다는 사실이다.

인터넷에는 생성형 AI에 효과적으로 질문하는 방법이 많이 회자하고 있다. 실제로 그러한 조언을 따라 질문하면 꽤 괜찮은 답변을 얻기도 한다. 하지만 가끔은 AI가 환각Hallucination 현상을 일으켜 말이 안 되는 답을 할 수도 있기 때문에 질문하는 방법이 중요해지면서 AI에 효과적으로 질문하기 위해 텍스트를 구조화하는 프로세스가 개발되었는데, 이를 '프롬프트 엔지니어링Prompt Engineering'이라고 한다. 프롬프트 엔지니어링은 생성형 AI 모델이 인간의 언어를 번역하고 이해할 수 있도록 텍스트를 구조화하는 과정이다. 여기에 사용되는 '프롬프트'는 AI에 내리는 명령어를 자연어로 기술한 텍스트를 의미한다.

예를 들어, 질문자가 영화감독이고 챗GPT는 영화배우라고 가정해 보자. 감독은 특정 장면을 촬영하기 전에 그 장면의 배경과 내용, 배역 상태, 감정 등을 상세히 설명한다. 배우가 그 상황을 잘 이해하면 이해할수록 수준 높은 연기를 보여준다. 챗GPT에 질문할 때도 영화감독이 배우에게 설명하는 방식을 활용하는 것이 효과적이다. 질문하기 전에 상세한 콘텍스트나 정보를 제공하여, 챗GPT가 이를 이해하고 높은 수준의 답변을 제공할 수 있도록 하는 것이 좋다.

생성형 AI에 효과적으로 질문하는 방법은 다양한데 ZDNET에서 추천하는 방법을 소개하면 다음과 같다.

- 사람에게 질문하듯이 AI에 질문하라.
- 상세한 배경 설명과 함께 맥락을 제공하라.
- AI에 정체성과 직업을 부여하라.
- AI가 계속 대화의 맥락 속에 있게 해라.
- 역할극과 실험을 두려워하지 마라.

ZDNET뿐만 아니라 다른 곳에서도 모두 생성형 AI로부터 수준 높은 답을 얻으려면, 생성형 AI를 사람처럼 대하면서 자세하게 설명할 것을 권장한다. 예를 들어, '여행 가이드로서 제주도를 소개할 때 어떻게 설명할 것인가?', '6개월 후 제주도에서 열리는 철인 3종 경기에 참여할 계획인데, 효과적인 훈련 방법은 무엇인가?', '갑자기 곰 인형이 되어 벽장 속에 갇히면 어떤 기분이 들까?'와 같이 자세한 시나리오를 제시하면 높은 수준의 답변을 얻을 수 있다.

매번 새로운 질문을 하기보다는 맥락이 유사한 질문이라면, 같은 질문 방에서 계속해서 질문하는 것이 좋다. 이는 서로 잘 아는 오랜 친구가 기본적인 탐색 과정 없이 곧바로 깊은 대화를 하는 것과 비슷하다.

생성형 AI의 등장으로 프롬프트 엔지니어링의 역할이 중요해진 것은 사실이다. 하지만 프롬프트 엔지니어링 전문가를 채용하기 위해 수억 원의 연봉을 제안한다는 기사를 읽으면서 이 일이 실제로 그 정도의 가치가 있는지는 의문이 들었다. 단순히 한때의 유행으로 끝날지, 아니면 기업에 꼭 필요한 핵심적인 역할로 자리 잡을지는 시간이 흐르면 알게 될 것이다.

08

생성형 AI 적용 사례

생성형 AI 활용 사례가 계속해서 늘어나고 있다. 2023년은 생성형 AI를 이해하는 단계였지만, 현재는 비즈니스에 적용하고 테스트하는 단계로 진화하고 있다. 필자의 회사도 생성형 AI에 대한 학습과 다양한 시도를 통해서 직원이 궁금한 사항에 관해 질의응답이 가능한 서비스를 제공하고 있다.

필자 회사의 생성형AI 구축 사례가 IT World에 기사로 소개가 된 적이 있다. 우리는 이 생성형 AI 서비스를 구성할 때 가장 먼저 지식 베이스를 결정했다. 초기에 선택한 지식 베이스는 직원들이 공통으로 궁금해하는 하도급법, 중대 재해 처벌법, 사내 제도다. 대상을 선택할 때는 가능한 한 자의적인 해석

없이 명확한 규정과 법률 기반으로 답을 제공할 수 있는지를 가장 먼저 고려했다. 그 다음에 생성형 AI가 기존의 문제나 불편함을 해결할 수 있는지와 기존 챗봇과의 차별점이 무엇인지를 고민했다. 기술적인 측면에서는 RAG 방식을 도입하여 자료와 사용자 질문을 벡터화하여 정확한 답을 찾아내는 방법을 다양한 측면에서 검토했다. 이렇게 완성된 지식 베이스에 질문하면 챗봇이 〈그림 30〉처럼 답을 해준다. 답변 품질 향상을 위해 각 답변에 만족도를 선택할 수 있도록 구성되어 있으며, 채팅방은 지우지 않는 한 계속 맥락을 이어가며 질의응답이 가능하다. 법과 제도는 텍스트 파일, 즉 문서 기반이기 때문에 문

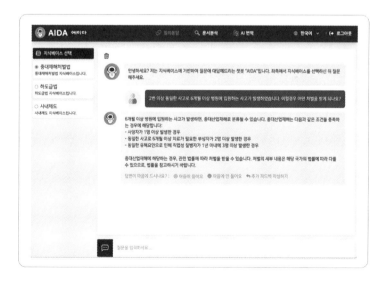

〈그림 30〉 생성형 AI 기반 챗봇 시스템 AIDA(에이다)

장을 적절한 크기로 잘라서 벡터화했다. 기업의 중요 데이터는 ERP를 비롯한 애플리케이션의 데이터베이스에 저장되어 있어서, 데이터베이스에 연결하여 질의응답이 가능하도록 구성했다.

일반적으로 프로젝트를 진행할 때는 여러 가지 이슈가 발생한다. 이러한 이슈를 해결하는 과정에서 얻은 노하우와 교훈을 레슨스 런드Lessons Learned라고 하는데, 이슈 해결 과정을 시스템에 기록하여 나중에 유사한 문제가 발생했을 때 참고하면 많은 도움이 된다. 그러나 프로젝트를 수행한 인력의 역할이 변하거나, 퇴사하거나, 새로운 인력이 입사하면서 업무의 연속성이 끊기는 때가 많다. 이때 레슨스 런드를 찾으려면 어디에 있는지 잘 몰라서 귀중한 노하우가 활용되지 못하는 문제가 발생한다. 이러한 문제를 해결하기 위해 우리는 '프로젝트 레슨스 런드'를 챗봇의 지식 베이스로 만들어 사용자가 생성형 AI를 통해 질의 응답할 수 있도록 구현했다. 예를 들어, 'A 프로젝트의 레슨스 런드를 알려줘'라고 질문하면, 챗봇이 해당 프로젝트에 관련된 레슨스 런드를 제공하고 그 답변 내용이 저장된 링크를 전송한다. 링크를 클릭하면 해당 프로젝트가 저장된 시스템으로 연결되어 내용을 자세하게 확인할 수 있다.

이 사례는 기존의 문서 기반 지식 베이스가 아니라 프로젝트 데이터가 저장된 실제 데이터베이스에 직접 연결한다는 데 의미가 있다. 현실적으로 비즈니스의 중요 데이터는 대부분 데이터베이스에 저장되어 있어서, 데이터베이스에 있는 자료의 활용이 문서 파일 중심의 활용보다 의미가 크다고 할 수 있다.

문서 기반 지식 베이스인 '중대 재해 처벌법', '하도급법', '사내 제도' 등은 한번 설정하면 내용이 잘 변하지 않는다. 그러나 프로젝트는 매년 새롭게 시작되고, 그와 관련된 레슨스 런드 데이터도 지속해서 발생함으로 데이터의 입력, 수정, 삭제 등 모든 변경이 반영된 최신 내용을 생성형 AI를 통해 제공할 수 있다. 벡터화 작업도 매일 진행하여 최신 답변을 항상 준비할 수도 있다.

일반 텍스트 파일에서 의미를 추출하고 분리하는 작업은 쉽지 않다. 사람의 개입 없이는 벡터화가 어려울 수 있다. 그러나 데이터베이스에 저장된 데이터를 벡터화하는 작업은 비교적 쉽다. 날짜, 금액, 고객, 프로젝트명과 같은 데이터베이스 필드는 모두 의미를 내포하고 있어서 벡터화도 상대적으로 쉽다. 따라서 앞으로는 데이터베이스에 직접 연결하여 생성형 AI 서비스를 구축하는 사례가 많아질 것이다.

〈그림 31〉는 PDF, DOCX, PPTX 등의 문서를 화면 가운데 끌어다 놓으면 해당 문서에 대한 Q&A를 할 수 있는 '문서 분석' 메뉴다. 이 기능은 오직 해당 문서 내에서만 답변을 제공하기 때문에 환각 현상이나 불필요한 내용 없이 간결하게 활용할

수 있다. 문서를 끌어다 놓으면 자동으로 10개의 Q&A가 생성된다. 어떤 질문을 해야 할지 모를 때는 예제 Q&A를 보면서 내용을 손쉽게 이해할 수 있다. 외국어로 된 논문이나 문서를 많이 읽어야 하는 사람이 시간을 절약하는 데 유용하다. 문서를 업로드하더라도 외부에 노출되지 않는 보안상의 이점도 있다.

문서 분석 메뉴에서 사용자에게 보이는 것은 챗봇이지만, 그 뒤에는 데이터를 수집, 분석, 시각화하는 클라우드 기반의 데이터 분석 플랫폼이 구성되어 있어서 원본 데이터에서 생성형 AI까지의 연결이 훨씬 더 수월하다.

〈그림 31〉 생성형 AI 기반 챗봇 시스템 AIDA(에이다) – 문서 분석

'에이다'는 AWS 위에 데이터브릭스를 구축하고, MS 애저 오픈AI를 활용하여 생성형 AI 기반 챗봇 서비스를 구성했다. 이 사례는 한국 기업 최초로 가트너의 Customer Success Story 웹사이트에 소개되었을 뿐만 아니라, 데이터브릭스의 Customer Story에도 등재되었다.

우리는 지금도 계속 생성형 AI 과제를 발굴하고 있으며, 이미 선정된 과제의 정확도를 높이기 위한 작업도 진행하고 있다. 또한 자체적으로 sLLM을 구축해서 데이터베이스와 연결해서 정보를 분석할 뿐만 아니라, 각종 보고서(워드, 엑셀, 파워포인트)를 생성하는 일을 계획하고 있다. 전체적인 개념은 MS 코파일럿과 유사하다. 이러한 필자의 경험에 비추어 볼 때 앞으로 다양한 방식으로 적재적소에 생성형 AI를 활용한다면, 업무에 적지 않은 긍정적인 변화가 예상된다.

생성형 AI 기술은 계속 발전하고 있으므로 앞으로도 급격한 진화가 예상된다. 오픈AI는 2024년 2월 16일, 텍스트를 입력하면 동영상을 만들어주는 생성형 AI '소라'를 공개했다. 단 두 줄의 프롬프트로 실사와 구분하기 힘든 고품질의 영상이 제작되면서 세상에 큰 충격을 던졌다. 소개 버전이라 최대 1분 정도의 영상이지만, 일반인은 물론이고 광고계와 영화계의 종사자에게는 큰 충격이었다. 텍스트 위주의 챗GPT가 등장했을 때보다 시장에 훨씬 더 큰 파장을 일으켰다. 소라를 통해서 과거 캘리포니아 시대, 멸종된 매머드, 우주, 자연, 상상력이 반영된 애니메이션 등 인간이 특수효과를 반영하여 오랜 기간 작업해야 하는 영상을 상상하기 힘들 정도로 빠르게 제작할 수 있게 되었다.

소라의 충격이 채 가시기도 전에 2024년 3월 14일 오픈AI와 로봇 스타트업인 피규어가 협력해서 만든 휴머노이드 로봇이 공개되었다. 휴머노이드 로봇인 '피규어 01'에 오픈AI의 인공지능을 탑재한 후, 사람과의 질의응답을 통해서 로봇이 작동하는 동영상을 유튜브에 올린 것이다. 지금 무엇이 보이는지 물어보면 사물을 인식해서 설명해주고, 무언가 먹고 싶다고 하면 사과를 건네준다. 쓰레기 청소도 하고 쟁반과 컵도 정리해준다. 마치 터미네이터의 시작 버전을 보는 것과 같은 충격에 공포감을 느낄 정도다. 미래에 인공지능이 탑재된 로봇이 공장과 거리를 활보하고 식당에서 서빙을 하거나 다양한 분야에 적용되는 모습이 연상된다. 과거에 봤던 SF영화가 곧 실현될 것 같은 느낌도 받았다.

2024년 5월 13일 오픈AI는 GPT-4o를 발표해서 다시 한번 세상을 놀라게 했다. 사람과 농담을 주고받기도 하고, 감정과 느낌을 담아 이야기하기도 하며, 비전으로 수식을 이해하고 설명하는 능력까지 갖췄다. 텍스트뿐만 아니라 이미지까지 이해하고 답을 해주는 멀티모달 능력을 갖췄고, 대화 응답 속도는 사람과 비슷한 속도인 0.23초에 불과하다. 이전 버전과 달리 대화 중에 끼어들기도 가능하여 마치 사람과 대화하는 느낌이 든다.

이렇듯 하루가 다르게 기술이 발전하고 있다. 앞으로도 기술 진화는 계속될 것이며 적용 사례도 증가할 것이다. 다만 인간의 선한 의지가 기술의 올바른 적용을 이끌었으면 하는 바람이다.

09

생성형 AI의 이슈 - 환각 현상과 저작권

환각 현상(Hallucination)

챗GPT와 같은 생성형 AI 서비스의 등장으로 많은 이들이 성능에 놀랄 뿐만 아니라 이를 활용한 다양한 아이디어를 제시하고 있다. 동시에 일부 사람들은 인공지능이 인간의 일자리를 대체할 것이라고 우려하기도 한다.

이러한 생성형 AI는 완벽해 보이지만 환각 현상이 있다. 환각 현상은 실제 현실과는 다른 데도 현실처럼 느껴지는 현상을 의미한다. 생성형 AI가 사용자의 질문에 그럴듯한 답변을 하지만, 사실과 다른 내용을 사실처럼 제시하는 것이다. 환각 현상은 간단히 말하면 '그럴듯하게 거짓말을 하는 현상'이라고 할 수 있다.

인터넷상에서 한동안 '세종대왕 맥북 프로 던짐 사건'이라는 사례가 화제가 되었다. 사람이 보기엔 말도 안 되는 질문이지만, 챗GPT가 마치 역사적 사건처럼 〈그림 32〉와 같이 답변해서 인터넷 커뮤니티에서 유머로 활용되었고, 생성형 AI 콘퍼런스에서 환각 현상의 대표적인 사례로 여러 차례 언급되기도 했다.

궁금한 마음에 다시 확인해 보기 위해 같은 질문을 챗GPT에 던져 봤지만, 해당 질문에 대한 답변은 〈그림 32〉와 같은 환각적인 내용이 아니라 〈그림 33〉과 같은 현실적인 내용으로 나왔

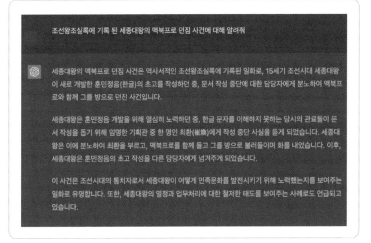

조선왕조실록에 기록 된 세종대왕의 맥북프로 던짐 사건에 대해 알려줘

세종대왕의 맥북프로 던짐 사건은 역사서적인 조선왕조실록에 기록된 일화로, 15세기 조선시대 세종대왕이 새로 개발한 훈민정음(한글)의 초고를 작성하던 중, 문서 작성 중단에 대한 담당자에게 분노하여 맥북프로와 함께 그를 방으로 던진 사건입니다.

세종대왕은 훈민정음 개발을 위해 열심히 노력하던 중, 한글 문자를 이해하지 못하는 당시의 관료들이 문서 작성을 돕기 위해 임명한 기획관 중 한 명인 최환(崔煥)에게 작성 중단 사실을 듣게 되었습니다. 세종대왕은 이에 분노하여 최환을 부르고, 맥북프로를 함께 들고 그를 방으로 불러들이며 화를 내었습니다. 이후, 세종대왕은 훈민정음의 초고 작성을 다른 담당자에게 넘겨주게 되었습니다.

이 사건은 조선시대의 통치자로서 세종대왕이 어떻게 민족문화를 발전시키기 위해 노력했는지를 보여주는 일화로 유명합니다. 또한, 세종대왕의 열정과 업무처리에 대한 철저한 태도를 보여주는 사례로도 언급되고 있습니다.

〈그림 32〉 챗GPT의 환각 현상 사례

다. 이 질문이 큰 화제가 되자 오픈AI에서는 이런 유형의 질문을 모두 거짓으로 설정하여 같은 답변을 받을 수 없게 조치했다고 한다.

GPT-4에서는 GPT-3.5에서 빈번했던 환각 현상이 상당히 감소했다. 2024년에 출시된 GPT-4o에서는 환각현상이 더 많이 줄었으며 향후 출시 예정인 GPT-5에서는 훨씬 더 많이 줄어들 것으로 예상된다. 그러나 비즈니스 측면에서는 조금이라도 환각 현상이 발생한다면 리스크가 될 수 있다. 생성형 AI의 답변을 토대로 비즈니스 의사결정에 활용했다가 나중에 부정확함이 드러난다면, 예상보다 큰 문제가 발생할 수 있다. 최근에 생성형 AI 서비스들이 답변의 출처를 함께 제공하면서 신뢰

You
조선왕조실록에 기록된 세종대왕 맥북 프로 던짐 사건에 대해서 알려줘

ChatGPT
죄송하지만, 제가 알기로는 조선왕조실록에 세종대왕이 맥북 프로를 던진 사건에 대한 기록은 없습니다. 실제로 맥북 프로나 이와 유사한 현대의 전자제품은 세종대왕이 살았던 15세기에는 존재하지 않았습니다. 조선왕조실록은 조선왕조의 일일기록서로, 역사적인 사실과 사건을 기록하고 있지만, 세종대왕이 이러한 현대 기술을 사용하거나 관련된 사건에 대한 언급은 없습니다.

이와 같은 이야기는 풍자나 상상 속의 이야기로 여겨질 가능성이 큽니다. 역사적인 기록에서는 발견되지 않은 내용일 수 있으며, 주의가 필요합니다.

〈그림 33〉 '세종대왕 맥북 프로 던짐 사건' 할루시네이션 교정 후 답변

도를 높이기 위해 노력하고 있기는 하지만, 생성형 AI를 비즈니스에 적용할 때는 답변의 근거를 철저히 확인하고 진위를 신중하게 검토해야 한다.

저작권

생성형 AI는 뛰어난 자연어 처리 능력을 갖추고 있는데, 이는 많은 양의 텍스트를 학습했기 때문이다. 〈그림 34〉는 LLM이 학습에 사용하는 데이터의 출처와 크기를 나타내고 있다. GPT-3뿐만 아니라 다른 대다수의 LLM도 주로 커먼 크롤 Common Crawl 데이터 세트를 활용하고 있다. 이 데이터 세트는 인터넷상의 텍스트 데이터를 가져와 학습하는 방식이다.

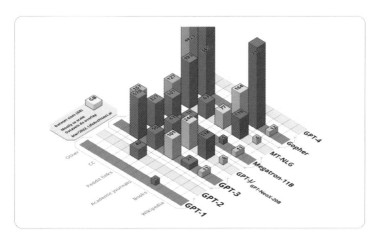

〈그림 34〉 LLM 학습용 데이터 세트

GPT-3의 전체 데이터 세트 크기는 753GB인데, 그중에 커먼 크롤이 570GB를 차지하고 있다. 이는 전체 데이터의 76%다. 다른 LLM도 유사하게 커먼 크롤을 주요 학습 데이터로 사용하고 있다. 그러나 커먼 크롤은 인터넷 자료를 활용하기 때문에 부정확한 정보도 상당히 많다.

인터넷에서 신뢰도가 높고 정확한 자료 중의 하나는 뉴스다. 뉴스 콘텐츠는 매일 새롭게 생성되며 정확도가 높아 학습용 자료로 적합하다. 중요성이 높다 보니 최근에는 AI 학습에 사용된 뉴스 콘텐츠에 대한 저작권 지급 논의가 공론화되고 있다.

2023년 12월 27일, 뉴욕 타임스는 AI 기술을 학습시키는 데 출판물을 허가 없이 사용했다며 오픈AI와 MS를 상대로 소송을 제기했다. 뉴욕 타임스 기사에 따르면, 오픈AI와 MS는 자동화된 챗봇 학습에 뉴욕 타임스 기사를 대규모로 사용하여 언론사와 경쟁하고 있다고 말했다. 오픈AI는 이에 대해 '건설적인 방향으로 나아가길 바란다'라고 하면서도 '놀라고 실망했다'라는 반응을 보였다. '오픈AI는 콘텐츠 창작자와 소유자를 존중하며 AI 기술을 활용해 이익을 창출하고 새로운 비즈니스 모델을 만들기를 희망한다'라고 밝혔지만, 단시간 내에 해결될 것으로 보이지는 않는다.

신문사의 고민은 구독자 감소와 함께 많은 사람이 다양한 온라인 매체를 통해 뉴스를 접하는 경향이 늘어나면서 광고 수

익 창출에 어려움을 겪고 있다는 점이다. 구독자 감소는 광고 수입 감소로 이어지므로 뉴욕 타임스는 종이 신문에서 온라인 뉴스 서비스로 중심을 옮기면서 유료 구독 모델을 구축해왔다. 그러나 생성형 AI가 등장하여 뉴욕 타임스 온라인 트래픽을 감소시키고, 언론사가 큰 비용을 들여 작성한 콘텐츠를 생성형 AI가 무임 승차해서 이익을 취한다고 판단한 것이다.

커먼 크롤 분석 결과에 따르면 구글을 제외한 대다수 LLM의 학습 대상은 언론사들의 콘테츠다. 〈표9〉의 크롤링 대상 Top 15를 보면 LLM 학습에 가장 많이 활용되는 것이 뉴욕 타임스 이고 LA 타임스, 포브스, 워싱턴 포스트와 같은 주요 언론사들의 콘텐츠 또한 LLM 학습에 많이 활용되고 있다.

뉴욕 타임스와 같은 언론사가 최초로 저작권 소송을 제기했지만, 베스트 셀러 작가인 존 그리샴과 같은 작가뿐 아니라 최

Rank	Domain	Tokens(M)	%	Rank	Domain	Tokens(M)	%
1	구글 Patents	750	0.48	9	Scribd	70	0.04
2	뉴욕 타임스	100	0.06	10	워싱턴포스트	65	0.04
3	LA타임스	90	0.06	11	The Motley Fool	61	0.04
4	가디언	90	0.06	12	IPFS	60	0.04
5	PLoS	90	0.06	13	Frontiers Media	60	0.04
6	포브스	80	0.05	14	비즈니스 인사이더	60	0.04
7	허핑턴 포스트	75	0.05	15	시카고 트리뷴	59	0.04
8	Patents.com	71	0.05				

〈표 9〉 Top 15 커먼 크롤링 대상(위키피디아 제외)

대 사진 아카이브 업체인 게티스이미지도 생성형 AI 개발사를 상대로 소송을 진행하고 있다.

소송이 잇따르자, 2023년 7월에 오픈AI는 AP통신과 저작권 계약을 맺었다. 오픈AI는 AP통신의 텍스트 자료를 라이센싱하고 AP통신은 오픈AI의 기술과 제품 전문성을 활용한다는 내용이며 금액은 공개되지 않았다. 2024년 5월 22일에는 오픈AI 사가 세계 최대 미디어 그룹인 뉴스코퍼레이션과 5년간 2.5억 달러 상당에 이르는 콘텐츠 라이선스 협약을 체결했다고 언론에서 보도했다. 뉴스코프는 미국의 월스트리트 저널, 뉴욕포스트, 영국 일간지 더타임스, 호주 유로 방송 등을 거느리고 있다. 이 계약으로 오픈AI는 뉴스코프 산하의 뉴스 콘텐츠와 기자들의 전문 지식도 활용할 수 있게 되었다. 이뿐만 아니라 오픈AI는 프랑스 르 몽드와 영국의 파이낸셜타임스와도 콘텐츠 이용 협약을 맺은 바 있다.

한국에서도 비슷한 움직임이 있다. 네이버는 정보를 활용할 때는 사전에 정보 제공자에게 동의를 받도록 뉴스 콘텐츠 제휴 약관을 개정했다. 하지만 한국신문협회는 여기서 한 걸음 더 나아가 약관 개정 전에 이루어진 뉴스 데이터 활용의 정당성이나 대가 등에 대해서 문제를 제기하고 있다. 현재 네이버는 이러한 요구에 적극적으로 대응을 하고 있지 않다. 잘못 처리하면 상당한 저작권료를 부담할 가능성이 있을 뿐만 아니라, 한국신문협회를 비롯한 다양한 단체와 개인으로부터 유사한 요구가 쏟아질 수 있기 때문이다.

현재까지 뉴욕 타임스는 오픈AI와 MS를 상대로만 저작권 침해 소송을 제기했지만, 네이버에도 영어 콘텐츠 학습에 대한 저작권료 소송을 할지는 아무도 모른다. 2023년 12월 27일 문화체육관광부는 '생성형 AI 저작권 안내서'를 공개하며 AI 개발사에 AI 모델 학습 데이터를 확보할 때, '저작권자에게 적절한 보상 등으로 적법한 이용 권한을 확보할 것'과 '인공지능 사업자는 서비스를 제공할 때 기존 저작물과 동일·유사한 인공지능 산출물이 도출되지 않도록 저작권 침해 방지를 위해 노력할 필요가 있다'라고 권고했다.

향후 상황을 지켜봐야 하겠지만, 미국에서 생성형 AI가 처음 출시되고 저작권 이슈가 발생했기 때문에 미국의 재판 결과가 한국에도 영향을 미칠 것으로 예상된다. 현재 분위기로 보면 저작권료를 지급하는 쪽으로 결정될 가능성이 커 보인다.

글을 마치며

글을 써놓고 보니 직장생활을 하면서 경험했던 내용이 다 담긴 것 같다. 디지털 전환이 무엇인지도 모르고 사업화할 때의 막막함, 그리고 기술을 제대로 알지 못해서 수모 아닌 수모를 겪었던 일이 떠오르면서 여러 생각이 들었다.

IT산업은 그 어떤 산업보다 변화무쌍해 신기술을 그때그때 따라가는 것이 만만치 않다. 하나의 기술을 알 만하면 곧바로 새로운 기술이 나온다. 그렇다 보니 현재의 기술을 제대로 익히기도 어렵고 새로운 기술을 익히기는 더욱 어렵다. 그저 필요한 기술 이름을 자주 사용하거나 많이 접하다 보니 마치 그 기술을 아는 것처럼 느껴질 때가 많다.

이런 점 때문에 그동안 필자 나름대로 좌충우돌하면서 경험한 디지털 전환과 주요 기술에 대해 제대로 정리해보고 싶었다. 필자와 비슷한 일을 하는 사람뿐 아니라 업무는 다르지만, 디지털 전환에 대해서 알고 싶은 직장인, 일반인, 학생을 위해서 가능하면 쉽게 설명하려고 노력했다. 하지만 부족함도 많고 오류가 많을까 봐 두려움이 앞선다. 그럼에도 누군가에게 조금이나마 도움이 되면 좋겠다는 바람으로 용기를 내서 이 책을 썼다.

디지털 전환 조직이 많은 기대와 찬사 속에 출발했지만, 현실에서는 IT 조직과 계속 갈등을 겪는 것을 많이 경험했다. 성과를 내야 한다는 압박감으로 제대로 준비되지 않은 신기술을 급하게 도입하여 현장에서 문제가 생기는 예도 많이 보았다. 그동안 무대 뒤에서 온갖 궂은일을 해왔던 IT 조직이 새로운 조직에 밀려나 마치 공연장 밖으로 떠밀려 나간 것과 같은 허탈감을 느끼는 모습도 많이 목격했다.

하지만 디지털 전환은 IT와 별개로 존재할 수도 없고 그럴 이유도 없다. 특별한 이유가 없다면, 같은 조직 내에서 서로 협업하는 것이 시너지를 창출하는 데 훨씬 더 유리하다. 혹여 규모가 커져서 팀이 분리되더라도 디지털 전환과 IT를 모두 아우르는 CIO가 양쪽 조직을 통합적으로 관장하고 사업을 추진하는 것이 더 나은 업무성과를 낼 수 있다고 생각한다.

서두에서 디지털 전환을 좁은 의미로 정의하면 '디지털 기술을 활용하여 새로운 비즈니스 모델을 창출하는 것'이라고 했다. 나아가 일반적인 의미에서 디지털 전환이란 'IT나 디지털 기술을 활용한 혁신'이라고 했다.

필자는 스마트팩토리와 디지털 전환이 여전히 기업과 다양한 이해관계자의 관심을 받는 이유가 '기술의 힘'에 있다고 생각한다. 과거에 상상 속에서나 가능했던 일이 신기술을 통해 현실에서 실현되기 때문이다.

일반적으로 혁신을 계획할 때는 자동화와 지능화 측면을 많이 고려해야 하는데, AI/ML, 빅데이터, IoT, 클라우드, 로봇, 생성형 AI 등의 기술이 등장하면서 기존과는 차원이 다른 혁신이 가능해졌다. 과거에는 돈으로 기업을 인수하고 기술을 구매하는 방식으로 성공했지만, 이제는 기술이 돈을 이끄는 시대가 되었다. MS가 오픈AI의 챗GPT 가치를 알아보고 큰 투자를 하여 성공을 거둔 것이 좋은 예다. 돈을 모아서 기술을 개발하는 것이 아니라 기술이 우수하면 자연스럽게 돈이 몰리는 구조가 된 것이다.

디지털 전환을 성공적으로 이끌기 위해서는 어떻게 해야 할까? 조직원들과 함께 필요한 기술을 깊이 있게 학습하고 조직에 부합하는 기술에 대해 제대로 징의할 필요가 있다. 같은 기술이지만 산업과 조직마다 다르게 이해되고 적용될 수 있으므로 초기에 눈높이를 맞추는 과정이 무척 중요하다.

기술을 학습하고 정의한 다음에도 과제를 대규모로 실행하는 것이 아니라, PoC나 파일럿 등을 통해서 미리 효과성을 검증해 보는 것도 중요하다. 그래야 대규모 투자 실패의 가능성을 줄일 수 있다.

신기술과 사용자 요구사항은 계속해서 진화하므로 외부에 프로젝트를 맡기는 것만으로는 충분한 성과를 거두기 어려운 상황이 생길 수 있다. 따라서 신기술을 효과적으로 적용하고 성과를 얻기 위해서는 내부에 일정 규모의 기술인력을 확보하지 않으면 안 된다. 모든 기술에 대한 인력을 확보하는 것은 어렵지만, 적어도 해당 업종이나 회사에서 중요하게 생각하는 기술 전문성을 갖춘 인력을 확보해야 한다. 이러한 내부 전문가가 있어야 외부 파트너와의 협업을 주도하며 방향성에 맞게 앞으로 나아갈 수 있다.

전문 인력을 확보하는 방법은 대략 세 가지가 있다. 첫 번째, 외부에서 전문가를 영입하는 방법이다. 해당 기술에 대한 지식과 경험이 풍부한 전문가를 영입한다면, 과제의 시작 수준이 달라진다. 즉, 출발선이 달라진다는 이야기다. 두 번째, 내부 인력을 육성하는 것이다. 내부 인력은 시스템과 회사를 잘 이해하고 있으므로 적절히 육성만 된다면 가장 핵심적인 인력이 될 수 있다. 세 번째는 산학을 추진하는 것이다. 대학에는 석박사 과정의 연구원들과 교수들이 관련 기술을 연구하고 있어서 최신 동향도 잘 알고 있고 기술에 대해 깊이 이해하고 있다. 따라서 기업이 풀기 어려운 이슈 해결에 큰 도움이 된다.

마지막으로 디지털 전환을 추진할 때 지나치게 외부 사례에 의존하는 것은 지양해야 한다. 미국, 독일, 중국, 일본의 세계적인 기업을 벤치마킹했지만, 화려한 포장과는 달리 내용은 예상보다 허무했다. 그들이 우리를 속이려 한 것이 아니라, 우리 스스로가 너무 큰 기대를 했다는 생각이 든다. 국내외 외부 사례는 참고만 하고, 작은 규모라도 직접 실행하고 체감하는 것이 더 효과적이다. 겉모습을 꾸미기보다는 꾸준한 개선과 지속적인 혁신 활동이 디지털 전환에 성공하는 핵심이라고 믿는다.

디지털 전환은 쉽지 않다. 끝이 없는 과정의 연속으로 디지털 전환의 성공을 위한 도깨비방망이는 없다. IT와 디지털 전환 담당자가 현업과 함께 작은 것부터 시행착오를 거치면서 하나씩 개선과 혁신을 꾸준히 추진하는 것이 가장 확실한 방법이다. 그렇게 하다 보면 어느 순간 '함께 멀리' 목표에 도달할 수 있을 것이다. 디지털 전환과 관련된 모든 사람이 그 길에 함께, 더 멀리 나아갔으면 하는 바람이다.

참고 자료

1. 주호재,《현장 컨설턴트가 알려주는 디지털 전환》, 성안당

2. 유병준,《마지막 생존 코드, 디지털 전환》, 21세기북스

3. 박수정, 김국현,《디지털 전환 필드 매뉴얼》, 미래의창

4. 김종식, 박민재, 양경란,《디지털 전환 전략》, 지식플랫폼

5. 황재선,《디지털 전환 조직의 습관을 바꾸는 일》, 좋은습관연구소

6. 이경배,《비즈니스 디지털 레볼루션》, 클라우드나인

7. 킨자키 요지,《최신 인공지능 쉽게 이해하고 넓게 활용하기》, 위키북스

8. 하야시 마사유키,《그림으로 배우는 클라우드》, 영진닷컴

9. 사노 유타카,《인프라 엔지니어의 교과서》, 길벗

10. 김유신, 김태윤, 정준영, 고건욱, 김가연, 박주환, 이동우, 장진수,《실전 금융산업 빅데이터 분석》비제이퍼블릭

11. 반병현,《챗GPT 마침내 찾아온 특이점》, 생능북스

12. 모 가댓,《AI 쇼크, 다가올 미래》, 한국경제신문

13. 세스 스티븐스 다비도위츠,《데이터는 어떻게 인생의 무기가 되는가》, 더퀘스트

14. Marco Iansiti, Karim R. Lakhani,《Competing in the age of AI》, Harvard Business Review Press

15. 정도희,《인공지능 시대의 비즈니스 전략》, 더퀘스트

16. 김미경, 김상균, 김세규, 김승주, 이경전, 이한주, 정지훈, 최재붕, 한재권,《세븐테크》, 웅진지식하우스

17. 이코노미스트,《2024 세계대전망》, 한국경제신문

18. 이병태(KAIST 경영대학 교수), 〈Post Pandemic Digital Economy – 고려대학교 기술경영전문대학원 AMP 교재〉

19. 이성환(고려대학교 인공지능학과 특훈교수), 〈인공지능 기술의 현황 및 전망 – 고려대학교 기술경영전문대학원 AMP 교재〉

20. 강충구(고려대학교 전기전자공학부 교수), 〈5G 이동통신의 이해와 미래 – 고려대학교 기술경영전문대학원 AMP 교재〉

21. 송재복(고려대학교 기계공학부 교수), 〈지능로봇 기술 및 로봇산업 동향 – 고려대학교 기술경영전문대학원 AMP 교재〉

22. 박성혁(KAIST 경영대학 교수), 〈DT를 통한 금융산업의 Business Model 혁신 – 고려대학교 기술경영전문대학원 AMP 교재〉

23. 김승주(고려대학교 정보보호대학원 교수), 〈ChatGPT 시대의 사이버보안 - 고려대학교 기술경영전문대학원 AMP 교재〉

24. 조대곤(KAIST 경영대학 교수), 〈Big Data & Business Analytics – 고려대학교 기술경영전문대학원 AMP 교재〉

25. 류규하(삼성서울병원 교수), 〈디지털 헬스케어 기반 개인 맞춤 의료기술 개발 동향 – 고려대학교 기술경영전문대학원 AMP 교재〉

26. 조중래(고려대학교 기술경영전문대학원 특임교수), 〈ESG에 대하여 – 고려대학교 기술경영전문대학원 AMP 교재〉

27. 최재홍(강릉원주대학교 멀티미디어공학과 교수), 〈가상현실 기반의 비즈니스, 우리의 대응 – 고려대학교 기술경영전문대학원 AMP 교재〉

28. 송재윤(고려대학교 의과대학 교수), 〈로봇수술의 현재와 미래 - 고려대학교 기술경영전문대학원 AMP 교재〉

29. 강석중(고려대학교 기술경영전문대학원 부원장), 〈신냉전 시대의 Global 방산 환경과 방산 안보의 함의(K-방위산업) - 고려대학교 기술경영전문대학원 AMP 교재〉

30. 이성희((주)컨텍 대표이사), 〈New Space 시대의 우주 기술과 산업기회 - 고려대학교 기술경영전문대학원 AMP 교재〉

31. 이재한 부사장, 카카오 엔터프라이즈, 한국CIO포럼, 〈생성형 AI, ChatGPT와 클라우드 Trend〉

32. Stop Thinkering with AI, Thomas H. Davenport, Nitin Mittal, Harvard Business Review January-February(2023/Volume 101/Issue 1)

33. A Smarter Strategy for Using Robots, n Armstrong, Julie Shah, Harvard Business Review, March-April(2023/Volume 101/Issue 2)

34. Neurotech at Work, ta A. Farahany, Harvard Business Review, March-April (2023/Volume 101/Issue 2)

35. AI with a Human Face, ke Seymour, Dan Lovallo, Kai Riemer, Alan R. Dennis, Lingyao Yuan, Harvard Business Review, March-April(2023/Volume 101/Issue 2)

36. Analytics for Marketers, Fabrizio Fantini, Das Narayandas, Harvard Business Review, May-June(2023/Volume 101/Issue 3)

37. How Generative AI Can Augment Human Creativity, Tojin T. Eapen, Daniel J. Finkenstadt, Josh Folk, Lokesh Venkataswamy, Harvard Business Review July-August(2023/Volume 101/Issue 4)

38. Reskilling in the Age of AI, Jorge Tamayo, Leila Doumi, Sagar Goel, Orsolya Kovacs-Ondrejkovic, Raffaella Sadun, Harvard Business Review,

September-October(2023/Volume 101/Issue 5)

39. Adobe's CEO on Making Big Bets on Innovation, Shantanu Narayen, Harvard Business Review, November-December(2023/Volume 101/Issue 6)

40. How to Capitalize on Generative AI, Andrew McAfee, Daniel Rock, Erik Brynjolfsson, Harvard Business Review, November-December(2023/Volume 101/Issue 6)

41. Helping Employees Succeed with Generative AI, Paul Leonardl, Harvard Business Review,November-December(2023/Volume 101/Issue 6)

42. Keep Your AI Projects on Track, Paul Iavor Bojinov, Harvard Business Review, November-December(2023/Volume 101/Issue 6)

43. Turn Generative AI from an Existential Threat into a Competitive Advantage, Scott Cook, Andrel Haglu, Julian Wright/Harvard Business Review, January-February(2024/Volume 102/Issue 1)

44. Leading in a World Where AI Wields Power of Its Own, Jeremy Helmans and Henry Timms/Harvard Business Review, January-February(2024/Volume 102/Issue 1)

45. Don't Let Gen AI Limit Your Team's Creativity, Harvard Business Review/March-April(2024/Volume 102/Issue 2)

46. Bring Human Values to AI, Jacob Abernethy, Francois Candelon, Theodoros Evgenlou, Abhishek Gupta, Yves Lostanlen, Harvard Business Review, March-April(2024/Volume 102/Issue 2)

47. Heavy Machinery Meets AI, Vijay Govindarajan, Venkat Venkatraman,

Harvard Business Review, March-April(2024/Volume 102/Issue 2)

48. How Machine Learning Will Transform Supply Chain Management
, Narendra Agrawal, Morris A. Cohen, Rohan Deshpande, Vinayak
Deshpande, Harvard Business Review, March-April(2024/Volume 102/
Issue 2)

49. The Chair of Honeywell on Bringing an Industrial Business into the Digital
Age, Darius Adamczyk, Harvard Business Review, March-April(2024/
Volume 102/Issue 2)

50. What is Generative AI, Gatner

51. 딜로이트 사이트

52. Wikipedia 사이트

53. 〈GE 이노베이션 리포트〉, 인도 푸네 '생각하는 공', 3D 프린터·IoT 이
용…공장 효율성 20%↑, 〈한국경제신문〉

54. '독일 최고 스마트공장이 중국에…지멘스 청두공장 가 보니', 〈전자신문〉

55. On-premise vs Public Cloud vs Private Cloud, ebc group

56. IaaS, PaaS 및 SaaS 비교, Red Hat과 가트너의 Cloud Technology and
Visibility Gap 자료 재구성

57. 서버 룸, Profile IT Solutions,

58. 데이터센터 구조, ResearchGate

59. Type 1 and Type 2 Hypervisors: What Makes Them Different, Reseller
Club, May 24, 2019,

60. Cloud Service Models, Stackscale

61. softwaretestinghelp.com

62. Metrics to Evaluate your Machine Learning Algorithm by Aditya Mishra, Feb 24, 2018,

63. Compute Trends Across Three Eras of Machine Learning, 2022 International Joint Conference on Neural Networks (IJCNN), IEEE

64. AI Revolution — Your Fast-Paced Introduction to Machine Learning From Basics to Generative AI by Col Jung, Apr 2022

65. Ad Spending, Statista,

66. Small Language Models(SLMs), Medium,

67. What Are Word and Sentence Embeddings? By LUIS SERRANO, JAN 18, 2023

68. How to write better ChatGPT prompts for the best generative AI results, Written by David Gewirtz, Senior Contributing Editor, Nov. 27, 2023,

69. IT Daily 기사 기획 특집 생성형 AI의 한계 '환각', 대안으로 주목받는 RAG, 2023년 12월 31일

70. The Times Sues OpenAI and Microsoft Over A.I. Use of Copyrighted Work By Michael M. Grynbaum and Ryan Mac, Dec. 27, 2023

71. Thompson, A. D. (2022). What's in my AI? A Comprehensive Analysis of Datasets Used to Train GPT-1, GPT-2, GPT-3, GPT-NeoX-20B, Megatron-11B, MT-NLG, and Gopher.

72. ChatGPT-maker OpenAI signs deal with AP to license news stories BY MATT O'BRIEN, July 14, 2023,

73. 인공지능(AI)-저작권 안내서 발표로 시장의 불확실성 해소하고, 안무·건축 등 '저작권 사각지대' 없앤다, 2023년 12월 27일

74. '보고서 작성부터 직원 삶의 질 개선까지' (주)한화의 생성형 AI 챗봇이 하는 일 by 허은애 기자, ITWorld(2023년 11월 15일)

75. Maximizing Data Value with Advanced Data Analytics Platform Implementation, Gartner, Hanwha Client Story,

76. Powering efficient manufacturing worldwide, Hanwha, Databricks,

77. 2023년 석유화학 미니북, 한국석유화학협회

78. Part 4: IoT Platforms, Ashutosh Pandey

79. "Recommendations for implementing the strategic initiative Industrie 4.0", ACATECH(독일 공학 아카데미) 자료 기반으로 재구성

넥스트 디지털

초판 1쇄 발행   2024년 8월 12일
초판 2쇄 발행   2024년 8월 19일

지은이   정해진
발행인   강재영
발행처   애플씨드

기획·편집   이승욱
디자인   육일구디자인
마케팅   이인철
CTP출력/인쇄/제본   (주)성신미디어

출판사 등록일   2021년 8월 31일 제2022-000065호

이메일   appleseedbook@naver.com
블로그   https://blog.naver.com/appleseed__
페이스북   https://www.facebook.com/AppleSeedBook
인스타그램   https://www.instagram.com/appleseed_book/

ISBN 979-11-986136-5-3   03320

애플씨드에서는 '성장과 성공의 소중한 씨앗'이 될 수 있는 원고를 기다립니다.
appleseedbook@naver.com